지구생활자를 위한
시시콜콜 100개의 퀘스트

기후와 자연 IQ를 키우는
지구살이 안내서

루시 시글 지음

이상원 옮김

지상의책

Be the Ultimate Friend of the Earth:
100 Questions to Boost Your Climate and Nature IQ by Lucy Siegle

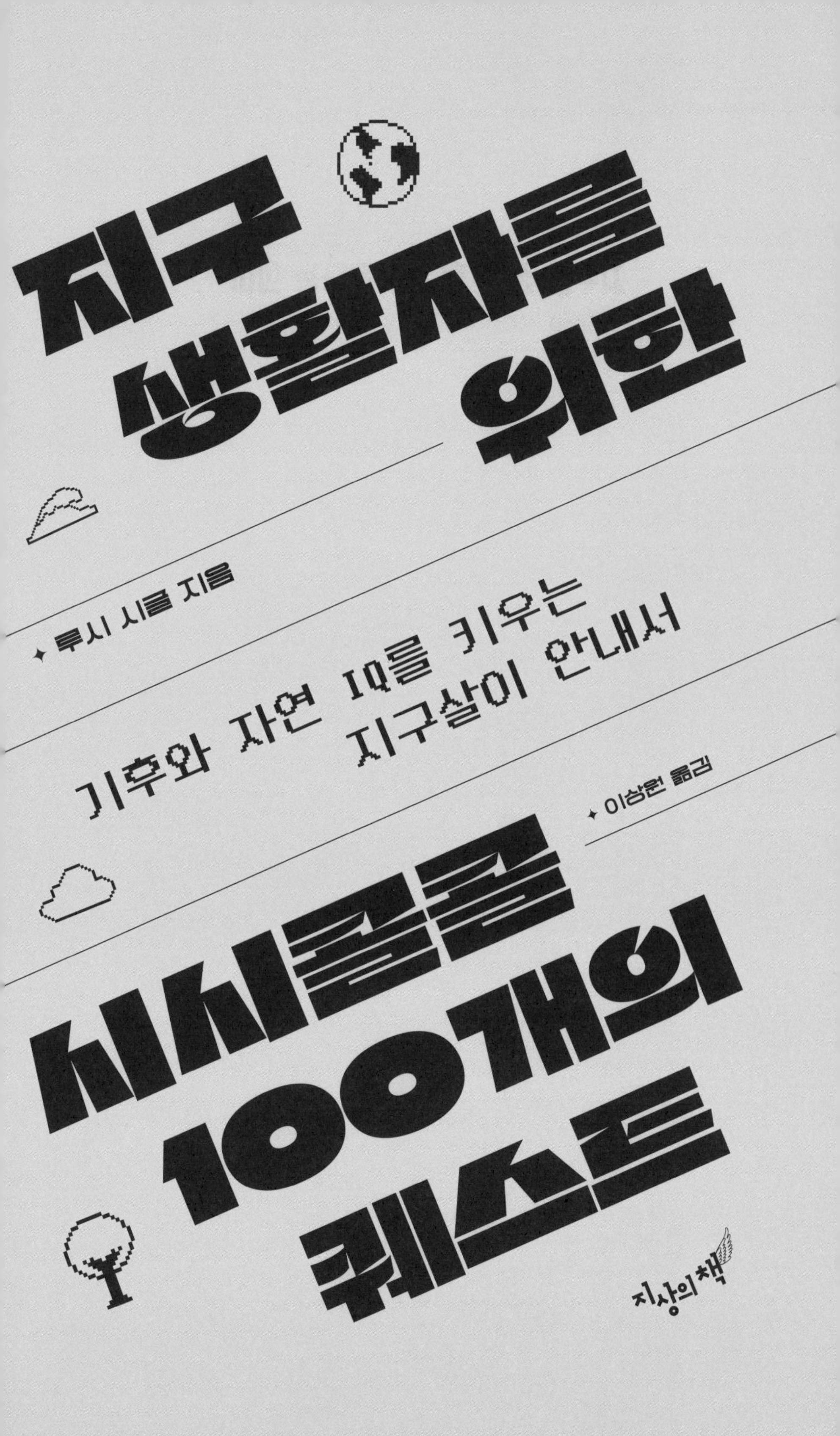
지구 생활자를 위한
✦ 루시 시글 지음
기후와 자연 IQ를 키우는
지구살이 안내서
✦ 이상원 옮김
시시콜콜 100개의 퀘스트
지상의책

지구와 진짜 친구가 된다는 의미

'지구를 지켜라'와 '지구를 이해하자'의 차이

지구와 진짜 친구가 되기 위한 길에 들어선 것을 환영합니다. 사실은 벌써 감동을 받았어요. 이 책을 집어 들었다는 것 자체가 지구를 제대로 바라보고자 최선을 다하기로 작정했고, 지금까지 제대로 해오지 못했지만 이제부터라도 좋은 방향으로 바뀔 수 있음을 인정했다는 뜻이니까요. '지금까지 제대로 해오지 못했다'는 말은 물론 겸손한 표현이 아닙니다. 인류가 자기 행성을 망가뜨려 왔다는 사실은 이미 상식으로 자리 잡았으니까요. 우리가 행동하고 사는 방식을 완전히 바꿔 지구 자원 착취 체계를 보충 체계로 전환하지 못한다면 지구의 많은 부분이 거주 불가능한 불모지로 변모할 거예요. 현재는 위기 상황이라 불러 마땅하지요.

지난 몇 년 동안 우리는 이 위기 상황을 더 정확하고 솔직하게 말하기 시작했어요. 정말 두려운 일이고, 저 스스로도 불안을 크게 느끼지만, 결국 지나갈 일이려니 모른 척하기보다는 터놓고 말하는 쪽이 훨씬 낫습니다. 해결책을 찾지 못하는 한 지나가지 않을 일이니까요.

이 책 전체에 걸쳐 우리는 자연과 기후의 위기, 혹은 재난 상황을 들여다볼 거예요. 누구나 한 번쯤 띄엄띄엄 들어보았을 내용이지요. 하지만 자연과 기후의 위기는 서로 떼어놓을 수 없게 엮여 있으므로 한꺼번에 살펴봐야만 합니다. 기후가 빠르게 변화하고 있다는 사실은 누구나 다 압니다. 온실가스(이 중 이산화탄소가 가장 중요하고 또 많이 알려졌지요)는 산업혁명 이후 대기에 쌓여왔어요. 인간은 발전 동력을 얻겠다며 어마어마한 양의 화석연료를 태웠습니다. 오늘날에도 상황은 여전히 똑같답니다! 연료 사용은 계속 가속화되며 대기에 온실가스를 축적했습니다. 축적된 온실가스는 담요처럼 기능하며 지구 주변에 열을 가두고(이를 온실효과라 부르죠) 지표면 온도를 높였습니다. 이는 다시 다른 악영향을 불러오므로 우리는 이를 기후 '위기'라 부릅니다. 기온 상승은 빙하를 녹이고 날씨를 바꾸며 바다를 산성화합니다. 태풍 같은 극단적 기상 현상이 점점 늘어났고, 해수면의 상승으로 폭풍해일이 일어나며 기록적 홍수가 발생하기도 했지요. 이와 함께 가뭄과 산불 또한 늘어났습니다.

이러한 현상은 우리 삶을 지탱하는 여러 시스템을 위협합니다. 예를 들어 기후위기는 농업에 영향을 미쳐 식량 생산을 어렵게 만들지요. 우리는 온실가스가 많아지면 위험하다는 경고에 익숙하지만, 정작 온실가스가 지구의 생물다양성(살아 있는 유기체의 생물학적 다채로움을 뜻하는 말이에요. 곧 '자연'을 뜻한다고 할 수 있지요. 따라서 이 책에서는 생물다양성 대신 '자연'이라는 말을 주로 사용하려 합니다)을 어떻게 위협하는지는 잘 모를 때가 많습니다.

간단히 말해 기후변화는 자연의 기능 전반에 문제를 일으킵니다. 자연이 모든 것의 기반인 만큼 이는 심각한 문제입니다. 예를 들어 물 순환은 우리가 마실 물을 공급하고 질소 순환은 곡물이 자랄 비옥한 토지를 만듭니다. 기후위기는 이들 순환 체계에 영향을 미쳐 자연 위기를 촉발합니다.

패닉 상태가 된 인간은 문제를 한층 악화시켰어요. 곡물이 제대로 자라지 못하는 상황을 해결하겠다며 숲을 농지로 바꾸었죠. 이 엄청난 실수로 오랫동안 자연과 잘 공존하며 살아온 원주민 공동체의 터전이 파괴되었을 뿐 아니라 다른 생명체의 서식지까지 사라졌습니다. 또한 인간은 이산화탄소(대표적 온실가스)를 빨아들여 그 탄소로 더 많은 나무를 키워내는 숲을 베어댔고, 그 결과 가장 중요한 탄소 처리장을 잃어버렸어요. 기후위기가 어떻게 자연의 위기로 이어져 결국 엄청난 재난을 불러오고야 마는지 알겠죠?

부담 갖지 마! 지구와 가까워지는 첫걸음

진심으로 우리 운명을 바꾸고 싶다면 기후위기와 자연 위기가 분리 불가능하다는 사실을 인식해야 합니다. 거대한 문제 두 개가 한꺼번에 닥쳐 부담도 두 배로 다가온다 해도 말이죠. 하지만 저는 이를 다르게 바라보고자 합니다. 우리는 이런 문제를 깨달은 최초의 인간입니다. 엄청난 재난이 다가오고 있긴 해도 우리는 역사상 그 누구보다 해결책을 잘 알며 나름의 해결 능력도 갖추었어요. 전 세계 과학자 대부분이 기후 문제와 자연 문제에 함께 접근하는 것이 효과적이라는 데 동의합니다. 그러니 앞으로는 이 둘을 늘 함께 묶어서 접근해봅시다.

이중의 위기에 대처하는 법을 알아가기란 정말로 쉽지 않습니다. 저는 그 이유가 지구와 좋은 친구로 지내는 법을 잊어버렸기 때문이라고 생각해요. 그러니 다시 배우거나 더 잘할 수 있는 기회를 스스로에게 주어야 합니다. 그런데 대체 누구한테 배워야 할까요? 애석하게도 부적절한 사람들이 가르치는 일이 너무 많습니다. 예를 들어 정치 지도자들은 지구와 관계가 썩 좋지 않은 듯합니다. 과거의 행동방식을 고수하며, 지구의 한계를 지켜주기보다(이것이 얼마나 중요한지는 뒤에서 다룰 겁니다) 지구 자원을 더 많이 더 빨리 빼앗는 데 매달리니 말이죠. 이렇게 하면 모든 문제가 해결된다고 여기나 보지만 이는 오해일 뿐 상황은 점점 나빠집니다.

한편 진짜 필요한 변화는 손 닿지 않는 곳, 가능한 비용 범위 밖, 심지어는 실현 불가능한 듯 느껴지기 일쑤입니다. 지구와 좋은 친구가 되는 길은 전기차 구입이라고들 하는데 전기차를 살 돈이 없다거나 운전을 할 줄 모른다면 그 길에서 소외되었다고 느낄 테죠. 파리협약의 모든 사항을 남김없이 다 알아야 한다고 느끼지만, 도무지 이해가 안 가거나 협약의 세부 내용이 바보스럽게 보인다면 역시 소외감을 느낄 거예요.

이제 지구 행성을 지키고 보호하며, 즐기고 이해하는 쪽으로 초점을 바꿔봅시다. 우울하고 비관적인 면이 많다고는 해도 지금 우리는 인류 역사상 그 어느 때보다 우리 티전인 행성 지구를 잘 알고 지구와의 관계에 확신을 갖게 되었습니다. 과학적 지식, 그리고 앞선 세대 선구자들의 연구와 헌신이 축적된 덕분에 우리는 바다가 기후를 좌우하며 탄소 순환의 핵심이라는 것, 거대한 숲이 비를 만들어 수백 킬로미터 떨어진 곳의 농경지를 적셔준다는 것, 수백만 생명체가 상호작용하며 지구의 생태 조건을 유지한다는 것을 확실히 알게 되었습니다. 우리가 미치는 해악을 더 잘 알게 된 동시에 이 놀라운 행성이 어떻게 작동하는지도 알게 된 것이죠. 결국 우리는 저 위쪽에서 바라본 지구가 어떤 모습인지 알 만큼 성장한 최초의 인류가 아니던가요? 스스로를 교육하고 학문을 흡수한다면 우리는 그것을 바탕으로 길을 찾아낼 수 있을 겁니다.

따라서 이 책은 인류와 지구의 친구 관계를 다시 확인하고 생각할 기회를 주고자 합니다. 지구를 좋은 친구이자 벗으로 여기면 지구 편에서 의사결정을 내리는 일도 자연스러워질 거예요. 지구를 오염하고 자원을 빼앗고 짓밟는 현재의 의사결정과는 다르게 말이죠. 저는 성인이 된 후 줄곧 환경과 관련된 무수한 문제와 걱정을 어떻게 잘 전달할 수 있을지 고민해왔습니다. 괴롭지는 않았어요. 오히려 운이 좋다고 느꼈지요. 매일같이 24시간 내내 이 문제에 매달릴 수 있었으니까요. 직장에서 일하고, 아이들이 어질러놓은 장난감을 치우고, 온라인으로 물건을 주문하고, 냉장고를 채우고, 반려견이 운동화를 물어뜯지 못하게 하는 등 일상의 온갖 일을 처리하면서 환경 걱정을 해야 하는 동료들보다 상황이 훨씬 나았던 셈입니다.

저는 이런 친구들을 생각하면서 이 책을 구상했습니다. 우리가 서로 교류하고 도와주고 자극하고, 서로의 상황을 확인하고 균형을 맞추며, 더 나아가 지켜나가야 할 규칙을 부여할 방법까지 고민한 끝에 결국 필요한 일은 마음가짐의 변화라는 결론에 이르렀어요. 두려움, 불안, 혼란이라는 부정적 마음가짐을 버리고 할 수 있는 한 최선을 다해 지구를 돌보겠다는 긍정적인 마음을 가지려면 지구를 우리의 가장 가까운 친구로 느껴야 합니다. 그러니 여러분도 이 책을 읽는 동안 무관심하게 착취를 일삼던 지구 시민에서 어떤 상황에서든 내 진짜 친구 지구를 위해 100% 헌신하는 존재로 변신하겠다는 마음을 늘 가져주세요.

흥미를 높이기 위해 매 단계마다 퀴즈를 넣었습니다. 이유는 두 가지에요. 일단 모든 사람이(적어도 제 주변 사람은 모두) 퀴즈를 좋아하니까요. 또한 이 책에 담긴 여러 정보를 게임하듯이 받아들여 더 잘 기억되도록 만들려는 의도도 있었습니다.

관련해 언급해두어야 할 점이 있습니다. 상대를 전혀 모르면서 진짜 친구가 되었다고 말할 수 있을까요? 그럴 리 없겠지요. 하지만 우리는 지구, 우리 생존의 가장 중요한 협력자인 이 행성을 전혀 모르는 경우가 허다합니다. 우리 잘못은 아니에요. 학부모와 어린이, 심지어는 선생님까지도 기후나 자연에 관해 충분히 배우지 못했다는 하소연을 하니까요. 지구와 진짜 친구가 되려면 지구를 무시하거나 축소하거나 오해해서는 안 되겠지요. 지구가 잘 지내도록 만들어주는 방법은 무엇이고, 피해를 주거나 파괴하는 일은 무엇인지를 가능한 한 잘 이해해야 합니다. 그래서 이 책에 관련 정보, 즉 지구가 어떻게 작동하고 인류의 행복이 다른 모든 생명체와 어떻게 연결되는지를 많이 담고자 했습니다.

그렇다고 이 책이 지구 시스템과 생태를 다루는 어려운 학술 서적은 아닙니다. 저는 이 책이 여러분에게 새로운 시선을 제시하는 흥미진진한 책이었으면 해요. 새로이 눈을 뜨고 몰두하는 순간 비로소 진정 창조적이면서도 전략적인 아이디어가 샘솟기 마련이니까요. 마주한 위기 상황에 걸맞는 대응을 할 수 있으려면 환경이라는 주제에 흥미를 갖고 몰두하는 동시에 행동으로 나아가려는 의지를 다져야 합니다. 따라서 이 책이 일부러 유쾌한 어조를 유지하려고 했다고 해서, 우리가 이 아름다운 행성과 우리 미래를 위협하는 심각한 위기 상황에 놓였다는 점을 잊어선 안 돼요. 상황을 어떻게 뒤집어 진정 멋지고 가치 있는 미래를 열 수 있을지 관련 지식을 열심히 익힌다면, 그리고 충분한 행운이 따라준다면 아직은 희망이 있습니다.

자, 마음의 준비가 되었나요?

이 책의 활용법

이 책은 열 개 단계로 이루어지며 각각 특정 주제를 다룹니다. 순서대로 읽어도 좋지만, 내키는 대로 선택해서 읽어도 좋아요. 각 단계 마지막에는 퀴즈가 열 문제씩 나옵니다. 단계마다 거대 생물군계 biome(사막, 열대우림, 온대 초지, 아한대 숲 등 유사한 서식지를 공유하는 동식물 종의 군집을 말해요), 작은 곤충부터 인간군상까지 이르는 놀랍고도 매력적인 동식물계를 다양하게 만나볼 수 있을 거예요. 종이와 연필을 준비하고 퀴즈를 풀어보면 어떨까요? 친구와 머리를 맞대고 고민해도 재미있을 것 같네요. 각 단계의 퀴즈 점수를 적어두었다가 나중에 총 점수를 합산해보세요.

각 단계는 우선 유용한 정보와 설명으로 시작합니다. 바다가 어떻게 탄소 저장고가 되는지, 순환경제가 어떻게 물건의 부정적 영향을 줄이는지 등을 알아볼 거예요.

그리고 바로 퀴즈로 넘어갑니다. 객관식 선지 중에는 함정도 있으니 정신을 바짝 차려야 해요! 열심히 머리를 굴려봅시다. 지구와 진짜 친구가 된다는 포상이 걸려 있으니 최선을 다해주길!

문제 다음에는 바로 답이 나와요. 책 끝부분에 답을 모아두지 않은 이유는, 문제가 아직 머릿속에 남아 있는 동안 답을 읽어주었으면 해서예요. 해설에는 답과 함께 해당 주제와 관련된 추가 정보도 담았어요. 지구라는 멋진 행성이 어떻게 작동하는지, 이 지구를 건강하게 유지하려면 어떻게 해야 할지 더 많이 알게 될 거예요. 생각만큼 퀴즈 점수가 나오지 않는다고 실망할 필요는 없어요. 여러 번 되돌아가 다시 풀어주면 좋겠군요. 친구나 가족과 함께 겨루면서 풀어보면 어떨까요? 인간의 친환경 행동은 남들과 겨루는 상황에서 더욱 늘어난다고 하니까요. 자연의 일부인 인간 본성이 자연을 도와주는 결과랄까요.

지구의 진짜 친구 유형

이 책의 질문 100개는 당신이 지구를 얼마나 알고 있는지, 지구를 얼마나 사랑하는지를 알려줄 거예요. 다 풀고 나면 각 단계의 점수를 합산해보세요. 점수에 따라 다섯 유형으로 나눠볼 수 있습니다.

1~20점 사다리의 첫 칸에 올랐군요. 일단 사다리에 올라왔다는 게 중요하니까요! 곧 지구와 친구가 되는 데 필요한 마음가짐을 견지할 수 있을 거예요.

21~40점 시작이 좋네요! 기초도 탄탄하군요. 어느 정도 갖춘 지구 보호 기법을 조금 더 성숙시켜 볼까요?

41~60점 목적지의 베이스캠프까지 올랐습니다. 이만해도 훌륭하지만, 정상을 노려봐야 하지 않을까요!

61~80점 친구로서 지구의 특성을 많이 알고 있는 과학 덕후군요! 이미 꽤 가까운 친구지만 조금만 더 노력하면 진짜 친구가 될 수 있겠어요.

81~100점 드디어 해냈습니다. 지구의 진짜 친구로 인정받을 자격이 충분해요!

각 단계의 점수가 실망스럽다 해도 책을 끝까지 다 읽고 나면 다양한 정보가 많이 쌓였을 거예요. 그러니 점수가 얼마든 그곳을 시작점으로 삼고 스스로를 지구의 진짜 친구로 발전시켜 나가면 될 일입니다. 자, 이제 진짜 시작해볼까요?

CONTENTS

STAGE 1

▷ START

플래닝 하이프에 입장하신 것을 환영합니다

지구는 우리가 밟고 다니면 그만인 바윗덩어리가 아니에요. 지금까지 우리는 무심코 그렇게 행동해 왔지만, 생명체가 살아갈 만한 조건으로 환경을 안정시키기 위해 지구가 힘겹게 진화해왔음을 보여주는 연구는 아주 많지요.

'플래닛 하이프Planet Hype'는 미국 애니메이션 〈심슨 가족〉에 나오는 아주 트렌디한 영화 테마 식당의 이름입니다. '대박 행성' 쯤으로 풀이되지요. 이 책에서는 말 그대로 지구가 대박이라는 의미로 사용하려고 해요.

우리는 지구를 으쌰으쌰 응원해줄 필요가 있어요. 응원단장은…… 바로 당신이고요! 따지고 보면 우리가 매일같이 지구에 찬사를 보내고 열광하지 않는 게 오히려 이상한 일이에요. 《오즈의 마법사》에서 도로시가 말했듯, 집이란 세상에서 가장 좋은 곳이 아니던가요? 지구는 우리의 집, 그것도 유일한 집이에요(외계 생명체와의 상호작용을 고려한다 해도 마찬가지죠).

우리는 믿을 수 없을 만큼 운이 좋답니다. 우리 행성은 호모사피엔스라는 인간 종이 번성하기에 딱 알맞은 조건을 갖췄고, 최근까지도 이상적인 상태를 유지했어요(살짝 미리 말해두자면, 다음 단계에서 상황이 빠르게 변화하고 있음을 설명할 거예요).

우리는 대부분의 시간 동안 자기 코앞의 환경만 생각합니다. 예를 들어 오늘 하루 지구를 향한 제 관심 범위는 우리 집 개들을 데리고 산책하러 간 두 블록 건너 공원까지였겠죠. 하지만 지구와 좋은 관계를 유지하고 싶다면 가능한 한 자주, 더 넓은 시각을 가질 필요가 있어요.

이를 위해 우리는 자극적인 큰 사건을 기다리기도 하고, 상황을 정리해서 전달해줄 누군가를 기다리기도 하지요. 우주비행사가 저 위에서 지구를 내려다보며 지구가 얼마나 멋진 행성인지 알려줬던 때처럼요. 뭐, 이게 나쁘다는 뜻은 아니에요. 그런 새로운 간접 경험도 충분히 가치가 있지요. 하지만 그런 예외적인 행운만 바라보고 있어서는 곤란하지 않을까요? 스스로 우주비행사가 될 미래를 꿈꿀 수도 있겠지요. 동시에 혹시라도 실패할 경우를 대비해 매일, 매주, 혹은 매달 (가장 현실적인 시간 계획에 따라) 지구의 멋진 면을 찾아나가도 나쁠 것 없지 않을까요? 혼자서 계속 정보를 쌓아나가 보세요. 알면 알수록 지구에 더 큰 찬사를 보내는 좋은 친구가 될 수 있을 거예요.(더불어 이 책의 퀴즈들도 잘 풀 수 있구요!)

알고 있나요?

지구는 완벽하게 둥글었던 적이 한 번도 없어요! 물론 편평하다는 뜻은 아니에요. 나사NASA에 따르면 지구는 적도 근처가 0.3% 정도 부풀어 오른 모습이라고 해요. 이는 지구가 축을 따라 회전한 결과이죠.

자, 이제 우리 집인 지구의 생물권biosphere이 얼마나 대단한지 잠깐 생각해봅시다. 태양계에 부동산업자가 있다면, 지구는 '아주 이상적인 곳'이라고 당당히 소개해줄 법한 곳이에요. 지구와 태양은 (생명체 대부분이 온대 기후에서 번성한다는 점을 볼 때) 너무 뜨겁지도, 너무 차갑지도 않을 정도의 거리만큼 떨어져 있고, 지구에서 물은 액체 상태로 존재합니다. 액체 상태의 물은 생명체를 지탱하는 가장 중요한 조건 중 하나에요.

지구에는 다른 특징도 많습니다. 중력이 충분하고 대기를 유지할 수 있는 크기라는 점도 포함되죠. 우리에게 '공기'라는 말로 더 익숙

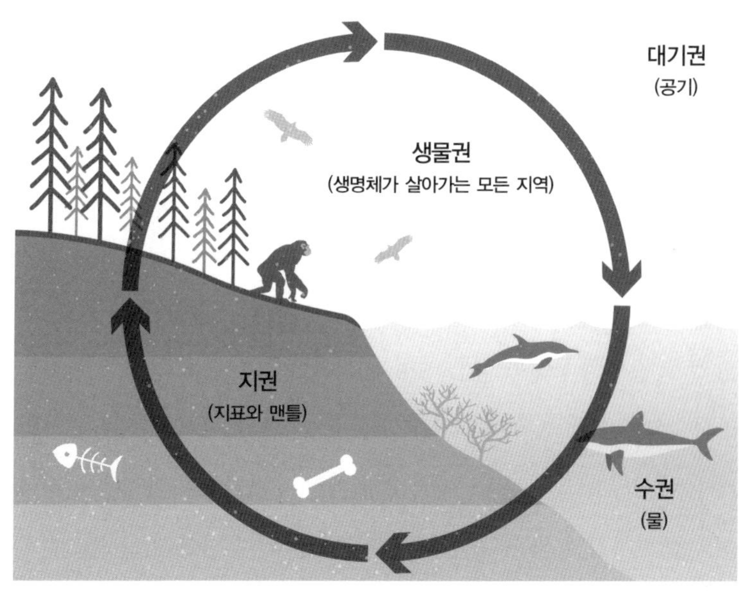

지구의 네 권역

한 대기는 얇은 피부처럼 지구를 감싸고 있는데, 지구가 명왕성처럼 작았다면 주변에 머물지 못하고 우주로 흩어져버렸을 거예요. 지구가 너무 크지도, 너무 작지도 않은 건 정말 다행한 일이지요.

지구가 적절히 크고 태양과도 적절히 떨어져 있다는 걸 온종일 기억하고 감사하기는 힘들겠지요. 하지만 다른 부분은 분명히 알아차릴 수 있어요. 지구 생물권에는 각각의 특징이 뚜렷한 멋진 생물군계가 존재합니다. 저는 〈내셔널 지오그래픽〉에 나온 다음 설명을 특히나 좋아하는데요. "생물권은 나무들의 가장 깊은 뿌리 체계부터 대양의 깜깜한 해구, 빽빽한 우림, 높은 산꼭대기까지 걸쳐 있다."[1] 이 책을 다 읽고 나면, 여러분도 생물권 같은 어려운 용어를 나름대로 멋지게 풀어낼 수 있을 거예요(이미 그러고 있다면 더욱 좋고요). 그렇게 되려면 무엇보다 지구에 찬사를 보내며 열광하는 마음이 있어야 하겠죠?

지구의 진짜 친구가 되려면 우리가 생물군계와 맺는 밀접한 관계를 인식하고 몇몇 중요한 사항들을 깨달아야 해요. 첫째, 지구는 우리가 밟고 다니면 그만인 바윗덩어리가 아니에요. 지금까지 우리는 무심코 그렇게 행동해왔지만, 생명체가 살아갈 만한 조건으로 환경을 안정시키기 위해 지구가 힘겹게 진화해왔음을 보여주는 연구는 아주 많지요. 지구는 숲과 바다 등 복잡한 여러 메커니즘의 균형을 안정적으로 유지하기 위해 온갖 방법을 동원해왔고, 그 덕분에 지표면 온도가 일정해지면서 생명체가 살기에 적절한 조건이 만들어졌어요.

알고 있나요?

지구에서 가장 건조한 지역은 칠레 북부의 아타카마 사막입니다. 그런데 놀랍게도 지구에서 가장 많은 물이 모여 있는 태평양과 엎어지면 코 닿을 거리에 있다죠?

지구를 마음 내키는 대로 골라 먹고 떠나면 그만인 뷔페 식당으로 생각해서는 안 됩니다. 나중에 다시 살펴보겠지만, 지금까지 우리는 지구와의 관계를 시험이라도 하듯 여러 잘못된 행태를 보여왔어요. 이제는 더 많이 얻어내려고만 하던 접근법을 완전히 바꾸고 지구에 찬사를 표해야 할 때예요.

지금 당장 시작합시다! 지구의 멋진 면은 뭔가요? 어떤 생물권이 당신의 취향인가요? 지구가 내주는 것에 감사 인사를 전했나요? 좋아하는 생물군계가 있나요? 특별히 더 알고 싶은 생태계ecosystem가 하나 있다면 어딘가요? 자기가 좋아하는 생태계의 회복을 업으로 삼아 일하는 사람도 있어요. 멀리서나마 조용히 찬사를 이어가는 사람도 있지요.

미래에는 온실가스 배출을 줄이기 위해 여행이 제한될 수도 있어요. 비행기 안 타기 운동은 이미 활발히 진행 중이기도 하죠. 그 이면에는 생태계 변화와 기후위기 때문에 강제로 터전을 떠나 이주해야 하는 수백만 명의 사람들이 있습니다. 일부 생태계는 생명체가 극도로 적응하지 않는 한 살아남기 힘든 곳이 되어가고 있어요. 하지만 이런 얘기는 나중에 다루도록 하고, 지금은 지구가 얼마나 특별한 곳인지에 초점을 맞추도록 합시다.

핵심은 우리가 이 멋진 행성을 집이라 부를 수 있는 특권을 부여받았다는 사실이에요. 지구는 정말 어마어마해요. 다른 행성으로 이주를 추진하는 제프 베이조스Jeff Bezos 같은 기업인에게 저는 동의하지 않습니다. 그럴 시간과 돈이 있다면, 이 행성을 바로잡는 데 써야 한다는 게 제 입장이에요.

자, 이제 1단계 퀴즈로 가봅시다. 지구의 굉장한 매력을 얼마나 알고 있는지 확인해볼까요? 10점 만점에 3점 이하를 받는다면 제프 베이조스에게 가서 우주행을 요청해야 할지도 몰라요!

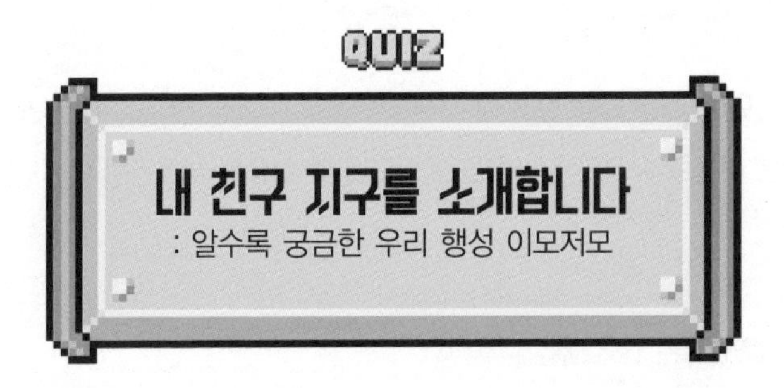

QUIZ
내 친구 지구를 소개합니다
: 알수록 궁금한 우리 행성 이모저모

1. 1972년 아폴로 17호 승무원들이 우주 정거장에서 찍은 지구 사진으로 인간은 우주에서 내다본 우리 행성의 모습이 어떤지 처음으로 알 수 있었다. 이 사건을 계기로 '지구의 날'이 만들어졌고, 이후 이 사진 속 지구에 붙은 별명은 생태운동과 동의어처럼 사용되었다. 이 별명은 무엇일까?

A. 푸른 구슬 The Blue Marble
B. 살아 있는 지구 The Living Planet
C. 푸른 행성 The Blue Planet
D. 최초의 에덴 The First Eden

2. 우리 친구 지구가 생명체에 적합한 환경을 만들고자 힘들게 노력한다는 점을 앞서 설명했다. 태양 주변에서 지구가 공전하는 곳, 생명체 거주에 적합한 이 공간을 지칭하는 전문가들의 용어는 무엇일까?

A. 워터월드 Waterworld
B. 데이지월드 Daisyworld
C. 아케이디아 존 Arcadia zone
D. 골디락스 존 Goldilocks zone

3. 생물권의 경이로움에 관해 말할 때 늘 등장하는 곳이 있다. 열세 개 섬으로

구성되며, 서로 다른 다섯 개 서식 지역habitat zone이 존재해 자연사에 관심 있는 이들의 성지인 갈라파고스 제도의 옛 이름은 무엇일까?

A. 닭의 친구들Los Pollos Hermanos

B. 풍요로운 섬Los Abundantos

C. 마법의 섬Las Encantadas

D. 코끼리거북Las Tortugas Gigantes

4. 다음 설명은 어떤 생태계를 의미할까? '명료하고 단순하지만 동시에 수수께끼의 베일에 싸인 곳, 움직임이 없고 고요한 곳, 알지 못하고 알 수도 없는 것이 곧 나타날 것만 같은 곳'

A. 사막

B. 숲

C. 대양

D. 초지

5. 빙권cryosphere은 고체 상태의 얼음 지역을 뜻한다. 빙하, 만년설, 빙상, 눈, 영구동토층, 강과 호수의 얼음 등 형태는 다양하다. 빙권을 독자적 생물권으로 분류해야 하는지를 두고 논란이 계속되는 중이다.[2] 다음은 빙권의 어느 부분에 대한 설명일까? '평균 4,000미터 이상 융기한 이곳은 세계에서 가장 높고 넓은 고원으로, 주변 지역 및 전 지구 기후에 큰 영향을 미친다. 주변을 둘러싼 거대한 빙하들은 큰 강들의 출발점이 된다.'[3]

A. 제3의 극지

B. 북극

C. 남극

D. 북극권 8개국

6. 추운 곳 이야기를 하나 더 해보자. 녹는 속도가 워낙 빠르고 해수면 상승에 큰 영향을 미쳐 '지구 종말의 날 빙하 doomsday glacier**'라고도 불리는 빙하의 진짜 이름은 무엇일까?**

A. 라슨 B Larsen B

B. 스웨이츠 Thwaites

C. 마제스틱 Majestic

D. 자카리 빙하 Zachariæ Isstrøm

7. 과학자들은 생물권의 바닥부터 꼭대기까지 높이를 약 20킬로미터로 계산한다. 생물권의 꼭대기는 무엇을 기준으로 삼을까?

A. 위성이 궤도로 들어가는 지점

B. 제일 높이 나는 새가 가장 높이 도달하는 지점

C. 항공 관제 시스템이 더 이상 작동하지 않는 지점

D. 초저궤도

8. 아마존 우림은 세계 최대의 열대우림으로 식물 4만 종과 곤충 550만 종을 품고 있다. 초콜릿부터 약재와 화장품, 식품 착색제 등 우리가 일상에서 의존하는 많은 것이 그곳에서 나온다. 이 아마존 열대우림은 얼마나 많은 나라에 걸쳐 있을까?

A. 세 개 나라

B. 네 개 나라
C. 여섯 개 나라
D. 아홉 개 나라

9. 환경 기업들은 수년 간 지구의 축소판을 만들려 시도했다. 1990년대 초, 온실과 타지마할을 결합했다는 거대한 유리 반구 안에 여덟 사람이 들어가 살기 시작했다. 이것은 무엇이며 어디에 있을까?

A. 에덴 프로젝트, 콘월
B. 월드 2, 중국
C. 바이오스피어 2, 애리조나
D. 엑스포 월드 팰리스, 두바이

10. "인간은 배운 것을 이해하고 이해한 것을 사랑하며 사랑하는 것을 보호한다." 이번 단계의 내용을 압축해주는 이 말은 누가 했을까?

A. 마하트마 간디 Mahatma Gandhi
B. 왕가리 마타이 Wangari Maathai
C. 자크이브 쿠스토 Jacques-Yves Cousteau
D. 니르말 푸르자 Nirmal Purja

1. 답: A

1972년 12월 7일에 찍힌 이 상징적인 지구 사진은 푸른 구슬이라 불린답니다. 이 사진에 대해 나사는 이런 설명을 덧붙였어요.

"달을 향해 가던 아폴로 17호에서 포착된 지구의 모습이다. 달 궤도에서 바라본 이 사진에는 지중해부터 남극 만년설까지 찍혀 있다. 아폴로 궤도에서 남극 촬영이 가능해진 것은 이때가 처음이었다. 남반구 위를 거대한 구름이 덮고 있다. 아프리카의 거의 모든 전체 해안선이 또렷이 보인다. 아프리카 북동쪽으로 아라비아 반도도 보인다. 아프리카 해안 너머 커다란 섬은 마다가스카르다. 아시아는 북동쪽 가장자리 지평선에 나타나 있다."[4] B, C, D는 위대한 박물학자 데이비드 애튼버러 David Attenborough 경이 만든 TV 시리즈의 제목들이에요.

2. 답: D

골디락스는 생명체에게 '딱 적당한' 지구의 조건을 의미해요. 영국의 전래동화 《골디락스와 곰 세 마리》에 등장하는 금발 머리 소녀 골디락스가 크지도 작지도 않은 딱 적당한 양의 죽을 먹고 크지도 작지도 않은 딱 적당한 크기의 침대에서 잠을 잤다는 데서 따온 표현이지요.

B를 골랐다면 1970년에 나온 가이아 이론을 떠올렸기 때문일지도 모르겠네요. 이 책을 쓰는 현재 시점 기준 102세인 위대한 화학자 제임스 러브록 James Ephraim Lovelock 이 고안하고 미생물학자 린 마굴리스 Lynn Margulis 가 발전시킨 가이아 이론은 지구를 생명 없는 바윗돌 덩어리가 아닌, 단일한 자기 통제 시스템이라고 봤어요.

'데이지월드'는 이 이론을 한눈에 표현하기 위한 모델입니다. 흰 데이지는 빛과 열을 반사하고 검은 데이지는 흡수하는데, 적절한 기온에서는 데이지가 번성하다가

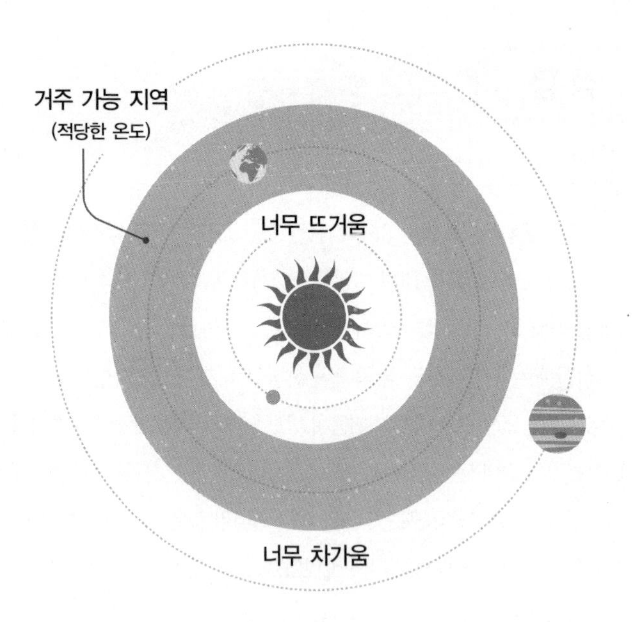

너무 차갑거나 뜨거운 상태가 되면 재생산을 멈추고 죽고 만다는 말이죠.

주류 과학계는 생명체가 환경에 적응하는 것이지 환경이 생명체의 영향을 받을 리 없다면서 가이아 이론을 받아들이지 않았어요. 하지만 기후변화로 인한 지구의 기온 상승이 러브록이 우려했던 대로 지구 시스템에 복잡한 피드백 작용을 일으키면서 상황이 달라졌지요. 피드백 작용은 계속 반복되는 연쇄 반응과 비슷합니다. 도미노가 끝없이 쓰러지는 모습이 적절한 비유겠네요.

첫 번째 도미노를 움직이는 요인은 우리가 이미 아는 지구 기온 상승입니다. 첫 번째 도미노는 새로운 반응을 일으키면서 다음 도미노를 넘어뜨리죠. 반응은 점점 커지고 도저히 멈춰 세울 수 없을 정도가 됩니다. "우리는 생명체, 특히 인간이 환경에 얼마나 영향을 미치는지 보아왔다. 온실가스와 삼림 파괴는 앞선 백만 년 동안 보지 못했던 규모의 변화를 일으킬 것이다"라는 러브록의 말처럼 말이지요.

3. 답: C

답은 '마법의 섬'입니다.[5] A를 골랐다면 미국 드라마 〈브레이킹 배드〉의 팬일지도 모르겠네요('닭의 친구들'이라는 뜻의 '로스 포요스 에르마노스'는 드라마에 등장하는 식당 이름이다—옮긴이). '코끼리거북(D)'은 갈라파고스 제도에 사는 가장 유명한 동물입니다.

자, 다시 정답으로 돌아가봅시다. 놀랍게도 마법의 섬은 아름답다는 칭찬의 의미가 아니에요. 《모비딕》의 저자 허먼 멜빌은 이 땅을 두고 "인간도 늑대도 외면할 섬이다. 여기서 들려오는 생명체의 흔적이라고는 뱀이 쉭쉭거리는 소리뿐이다"라고 썼어요. 그만큼 거친 야생의 땅이라는 말이죠. 하지만 1835년 찰스 다윈이 갈라파고스에 도착했고, 그가 탐사 경험을 정리해 《종의 기원》을 쓰면서 자연사학의 역사가 만들어졌어요.

여기서 끝이 아니에요. 진화론의 요람이 되었던 갈라파고스 제도는 이제 기온 상승과 강수량 급증에 시달리게 되었고, 기후 및 생태계 변화를 추적 연구하는 공간이 되어버렸어요. 그곳의 종들은 적응할까요? 아니면 사라질까요?

4. 답: A

답은 사막이에요. 문장의 출처는 미국 작가 에드워드 애비Edward Abbey의 자서전 《사막의 고독: 야생의 계절Desert Solitaire: A Season in the Wilderness》(1968)입니다.

강수와 같은 생명 유지 기능은 '생태계 서비스'로, 인간 삶이 생태계에서 얻는 유익은 '문화적 생태계 서비스'로 흔히 표현되곤 합니다.[6] 퍽 낭만이라고는 없는 명칭이죠. 애비의 문장은 다시금 낭만을 기억하게 해줍니다. 사막 얘기가 나왔으니 사막이 탄소를 저장한다는 점, 우리 생각보다 훨씬 많은 생명을 품고 있다는 점을 짚고 넘어가야겠군요. 건조하고 먼지투성이라 해서 무시하면 곤란하겠죠?

5. 답: A

제3의 극지는 히말라야의 힌두쿠시산맥과 티베트고원을 가리키는 말이에요. 이 빙권은 극 지방을 제외하고 민물 보유량이 가장 많습니다. 제3의 극지는 앞으로 주목해서 봐야 할 곳이어서 문제에 포함했습니다. 기후위기라고 하면 흔히 북극과 남극, 그리고 북극곰과 같은 동물을 떠올리지만 기온 상승과 디젤 엔진 오염, 석탄과 목재 난방 등으로 인해 제3의 극지 빙하는 놀라운 속도로 줄어들면서 지구의 수권에 영향을 미치고 있어요. 덧붙여보자면, 제3의 극지에서 발원하는 인더스강, 갠지스강, 브라마푸트라강, 양쯔강과 황하는 14억 명을 먹여 살립니다.

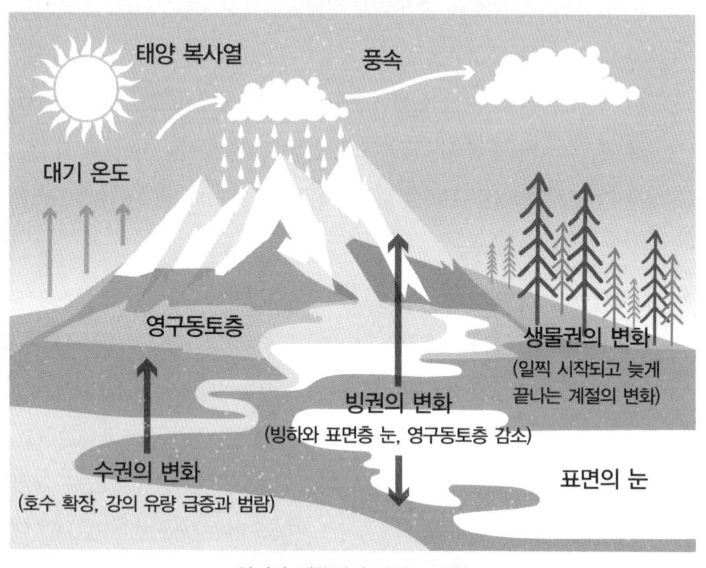

열기가 생물권에 미치는 영향

6. 답: D

스웨이츠 빙하는 과학자들의 걱정을 한 몸에 받고 있는 집중 관찰 대상이에요. 라손 B(A)는 20년 전 바다로 부서져 내린 5000억 톤 규모의 빙하이고요. 당시 엄청난 사건으로 보도되었지만 환경 저술가 존 비달 John Vidal 은 스웨이츠에 비하면 라슨 B는 고드름에 불과하다고 말했어요.[7] 크기도 100배일뿐더러 전 세계 해수면을 5미터 이상 높일 만큼 엄청난 양의 물을 품고 있기 때문이지요. 위성 관측에 따르면 스웨이츠는 1990년대보다도 훨씬 빠른 속도로 녹는 중이라고 해요. '지구 종말의 날 빙하'라는 별명이 전혀 이상하지 않습니다.

7. 답: B

지구의 생물권 경계가 비록 정확히 나뉘어지진 않지만, 과학자들은 제일 높이 나는 새가 가장 높이 도달하는 지점을 기준으로 경계를 추정합니다. 그 새는 루펠 독수리로 1만 1,300미터까지 나는 것으로 기록되었습니다. 생물권이 생명체가 살아가는 지역으로 정의된다는 점을 고려하면 생명체가 날아오르는 최고 지점을 경계로 지정한 것은 적절해보여요. 생물권의 바닥은 물고기가 내려갈 수 있는 심해의 가장 낮은 곳으로 푸에르토리코해구 안 8,300미터 깊이랍니다.

8. 답: D

맞혔다면 정말 대단해요! 아홉 개 나라는 브라질, 에콰도르, 베네수엘라, 수리남, 페루, 콜롬비아, 볼리비아, 가이아나, 그리고 프랑스령 기아나에요.[8]

9. 답: C

애리조나에 있는 바이오스피어 2는 진짜 지구가 제1 생물권이기 때문에 숫자 2가 붙었어요. 지구를 15조 분의 1로 축소한 생물권인 이곳에는 우림, 산호가 있는 바다, 사바나, 사막, 맹그로브 늪, 농경지 등 다양한 생물군계가 존재했어요. 이 인공 세상에 들어간 여덟 명은 2년 동안 그곳에서 생활했지요. 바이오스피어 2는 리얼리티 프로그램인 빅 브라더(15명 정도의 참가자가 일정 기간 외부와 단절된 채 같은 집에서 살아가는 TV 프로그램)와 비슷한 관심을 끌었어요. 산소를 바깥에서 집어 넣는다는 등 실험의 진정성에 대한 의심도 많았지요. 2년 동안 바이오스피어는 뜨거워진 대양에서 산호가 어떻게 죽는지, 0.5에이커(약 610평) 크기의 우림이 기후변화의 영향을 어떻게 받는지 등 여러 중요한 현상에 대한 생생한 데이터를 제공해주었어요.

10. 답: C

해군 장교였던 자크이브 쿠스토는 '칼립소'라는 배를 타고 바다를 탐사했어요. 새로운 수중 촬영 기술을 개발해 과거에 접하지 못했던 대양의 모습을 TV 인기 시리즈 〈자크 쿠스토의 바닷속 세상The Undersea World of Jacques Cousteau〉에서 보여주어 큰 파장을 일으켰지요. 우리가 지구 자원의 주인이 아닌 임시 관리인에 불과하다는 점을 이토록 잘 전달했다는 점이 놀랍고 감사할 따름이에요.

퀴즈를 처음 풀어봤는데, 어땠나요? 다 틀렸다 해도 좌절할 필요는 없습니다. 아직 문제가 90개나 남아 있으니까요! 이번에 약간 감을 잡았으니 다음부터는 지구 입장에서 문제를 바라보려는 시도를 해볼 수 있을 거예요.

자 그럼, 자크 쿠스토의 말을 기억하며 이제 2단계로 가볼까요?

STAGE 2

▷ START

인류세에서 홀로세로: 돌아가시겠습니까?

우리는 그 자원들 없이 생존할 수 없어요. 하지만 당황스럽게도 그 자원들은 우리 인간 없이 얼마든지 잘 생존할 수 있습니다.(그러니 '지구를 지키겠다'며 무언가 한다는 주장은 다소 모순적이에요. 의도야 충분히 이해하지만요!)

지구라는 행성이 우리에게 얼마나 중요한지 앞에서 살펴보았습니다. 이제 그런 지구에 우리가 이처럼 가혹하게 구는 이유가 무엇일까 하는 다소 껄끄러운 질문으로 넘어가야 할 때예요. 몇 년 전 저는 스웨덴 스톡홀름에 있는 스톡홀름복원력센터SRC에 초대받아 갔었어요. 복원력 연구 분야(지구가 최상의 상태에 있도록 혹은 더 이상 파괴되지 않도록 연구하는 분야를 말해요)에서 슈퍼스타급인 요한 록스트룀Johan Rockström이 주관하는 큰 학회가 열렸었거든요. 록스트룀은 〈열한 번째 시간The 11th Hour〉이라는 다큐멘터리 영화에 주연으로 출연하기도 했는데, 그 영화의 내레이션은 10년 가까이 자연과 기후의 위기에 목소리를 내온 환경운동가 겸 배우 리어나도 디캐프리오Leonardo Dicaprio가 맡았어요.

록스트룀은 자기 연구팀이 '지구위험한계선'을 정하는 작업을 하고 있다고 설명했어요. 지구 생태계의 크기와 다양성, 그리고 모든 생명체가 서로 연결되어 상호작용하는 상황을 고려하면 무척이나 복잡한 작업이었겠죠? 과학자 스물여덟 명으로 구성된 팀이 계산과 모델링에 수천 시간을 썼다고 해요. 하지만 록스트룀이 이를 아주 간명하게 설명해준 덕분에 많은 것을 분명히 이해할 수 있었답니다.

핵심은 우리(호모사피엔스)가 지구 입장에서 아주 나쁜 친구라는 점입니다. 당장 이 상황을 뒤바꿔 좋은 친구로 변신하지 못한다면 우리는 아주아주 큰 어려움에 봉착하겠지요.

알고 있나요?

전 세계에서 연간 배출하는 이산화탄소는 400억 톤에 달합니다. 이는 가장 큰 항공모함 40만 척에 해당하는 무게에요. 40만 척의 항공모함이 일렬로 서 있다고 생각해보세요. 그리고 그 모두가 공기 속으로 증발해버리는 모습, 상상이 가나요?[1]

앞서 1단계로 우리가 살고 있는 놀라운 생물권과 지구의 여러 생물군계 및 생태계가 품은 자원들을 살펴보았습니다. 우리는 그 자원들 없이 생존할 수 없어요. 하지만 당황스럽게도 그 자원들은 우리 인간 없이 얼마든지 잘 생존할 수 있습니다.(그러니 '지구를 지키겠다'며 무언가 한다는 주장은 다소 모순적이에요. 의도야 충분히 이해하지만요!) 지구는 자기 재생이라는 과업을 멋지게 해내면서 매일같이 놀라운 방식으로 우리에게 유익을 제공하지요.

하지만 스웨덴 팀이 파악했듯 거기엔 한계가 있습니다. 이건 우리의 어렸을 적 경험과 비슷할지도 모르겠네요. 절제의 미덕을 모르고

입이 터져라 사탕을 주워 먹어 병이 나거나 온 집안에 발 디딜 틈 없이 장난감이 굴러다니게 했던 일을 떠올려보면 됩니다. 지구의 자원이 바로 그런 상황이죠. 지금까지 우리는 지구의 한계를 전혀 고려하지 않았어요. 너무 많이, 너무 빨리 움켜쥐고 찔러대고 훔쳐댔지요. 가여운 지구가 빼앗긴 자원을 다시 채울 시간을 주지 않은 채 말이에요. 거기서 멈추지 않고 우리는 다양한 오염을 지구에 퍼부었어요. 이건 친구를 대하는 태도치고는 퍽 충격적이지 않을 수 없어요. 물론 지구는 듬직하게 최선을 다해 충격을 흡수하고 혼란을 정리해왔습니다. 지구는 모든 것이 딱 적당한 골디락스 존의 상태를 유지하고 싶었던 거예요. 하지만 우리가 한계까지 너무 몰아붙인 탓에 지구는 혼자서 재생하고 회복하고 균형을 맞출 수 없게 되어버렸어요. 우리가 우리의 집을 엉망으로 망가뜨린 탓에 위기 상황이 닥친 셈이지요.

스웨덴의 복원력 연구자들은 생태계가 서로 협력하는 방식과 지구가 제공하는 자원에 초점을 맞춰 생물권의 재생 능력을 밝히고자 했습니다. 재생 시간이 충분할 경우 지구가 안전하게 제공할 수 있는 자원이 무엇인지 알아내기 위해 수치들과 씨름했죠. 그 결과 모든 것을 다 담아낸 커다란 도표가 만들어졌어요. 지면의 한계로 그 큰 도표를 여기 실을 수 없으니 다음과 같은 간략 도표로 전체 상황을 파악해봅시다.[2]

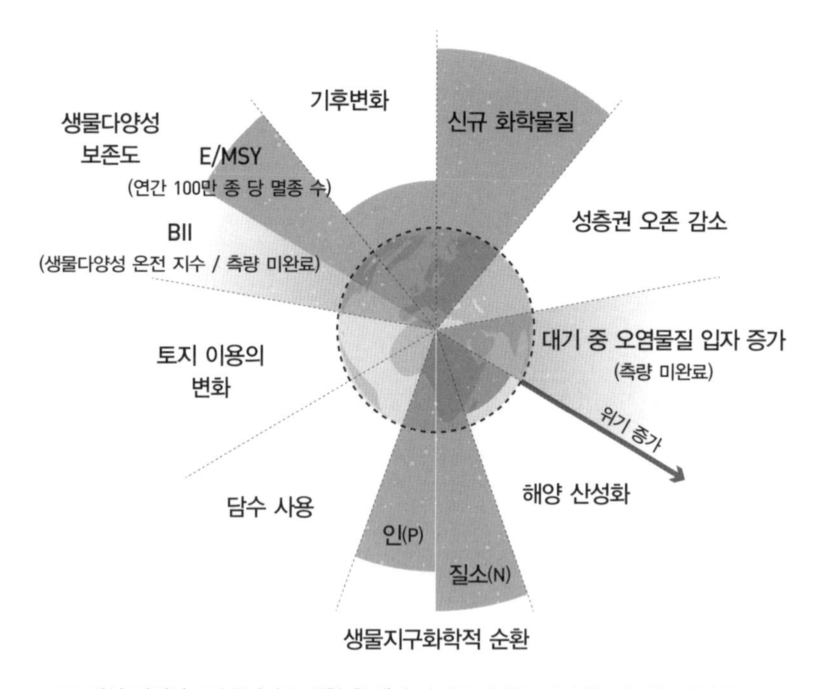

도표에서 면적이 클수록 '지구 위험 한계'에 다다른 상태를 나타내는데, 생물다양성 관련 지수 그리고 질소 및 인의 과잉 공급이 가장 위험한 수준이고, 신규 화학물질과 대기 중 오염물질이(아직 확실히 측정되진 않았지만) 그다음으로 매우 위험한 단계임을 알 수 있다. (옮긴이)

복잡해 보인다고 겁먹을 필요는 없어요! 아홉 개 부분으로 나뉘어 있다는 것은 일단 확인했겠죠? 열 개였다면 더 깔끔하게 만들어졌겠지만 애석하게도 스웨덴 학자들의 연구 결과가 그렇게 나와주지 않았네요. 위의 도표는 지구가 제공하는 아홉 가지의 자원이라고 봐도 무리가 없습니다. 지구는 대체로(적어도 1만 년에서 1만 2,000년 동안은) 이 아홉 개 영역에서 균형을 유지하고 재생하는 과업을 훌륭하게 수행해왔어요. 이 상대적으로 조화로웠던 긴 지질학적 시기를 홀로세

Holocene라 부른답니다.

이 시기에 가장 많은 혜택을 입은 존재는 무엇이었을까요? 그렇습니다, 우리 인류였어요. 홀로세는 인간이 번영한 시기였습니다. 하지만 이에 감사하며 지구의 한계 안에서 만족하는 대신 우리 인간은 계속 압박을 더해갔어요. 전문가들에 따르면, 특히 지난 150년 동안 우리가 지구를 괴롭힌 탓에 홀로세가 제공해준 혜택이 많이 파괴되었다고 해요. 그 결과 이제 홀로세의 기간은 끝이 났으며, 완전히 새로운 상황에서 살아가야 한다는 주장이 나오기도 합니다. 무엇이든 한계 지점까지 밀어붙이고 파헤치고 찔러댄 끝에 우리 자신이 지구의 지질학적 위협이 되어버린 겁니다. 인간은 그 어떤 종도 하지 않았던 짓을 저지른 셈입니다. 지구를 축구공처럼 차서 새로운 지질시대로 밀어버렸으니까요.

그러니 당연하게도, 오늘날의 상황은 과거에 비해 좋지 못합니다. 우리가 책임을 지고 당장 삶의 방식을 바꿔 지구와 지구의 한계를 존중하지 않는다면 상황은 한층 더 나빠질 거예요. 스웨덴 과학자들은 앞에서 살펴봤던 아홉 개의 서로 다른 영역에 가해지는 압박이 커지면 커질수록 지구의 작동 체계는 한계치를 넘어버릴 거라고 봅니다. 이렇게 되면 우리는 그동안 경험해본 적 없는 미지의 영역으로 들어가게 되겠죠. 지구가 어떻게 반응할지, 어떤 결과가 초래될지 아직은 모르지만 인간이 살아남아 농작물을 키우고 건강한 바다와 깨끗한 공기를 누릴 수 있을 확률은 매우 낮습니다. 거대한 화재나 홍수, 폭풍 등 재난 영화에서 보았던 무서운 '자연' 재해가 더는 영화 속 일만이 아니라는 말이죠.

재난을 피하려면 당장 행동해야 해요. 일단 출발점은 분명합니다. 앞서 소개한 도표에 '기후변화'가 있었죠? 아마 모두가 기후변화라는 말을 들어보았을 거예요. 하지만 어느 정도로 긴급한 일인지는 잘 모르더군요. 우리는 지금 당장 이 문제에 매달려야 해요! 기후위기를 경고하는 시위대가 전 세계에서 행진하고 목소리를 높이는 이유도 긴급하게 행동을 촉구하기 위해서예요.

> **알고 있나요?**
>
> 나사NASA의 제트추진연구소JPL에 따르면 지구 가운데 부분의 무게가 계속 늘어나고 있다고 해요. 뭐, 이건 우리도 마찬가지이긴 하죠? 하지만 지구의 원인은 바로 빙하가 녹기 때문이에요.

기후위기는 결국 대기 중 오염물질 증가 때문에 일어납니다. 대기 기체의 축적이 이렇게 관심을 받게 되리라고, 더 나아가 많은 이들이 거리로 쏟아져 나와 지구를 향한 사랑과 존경을 외치는 계기가 되리라고 누가 상상이나 했겠어요? 이제 점점 더 많은 사람이 온실가스 배출이 우리를 위기 상황에 몰아넣는다는 점을 인식하고 있어

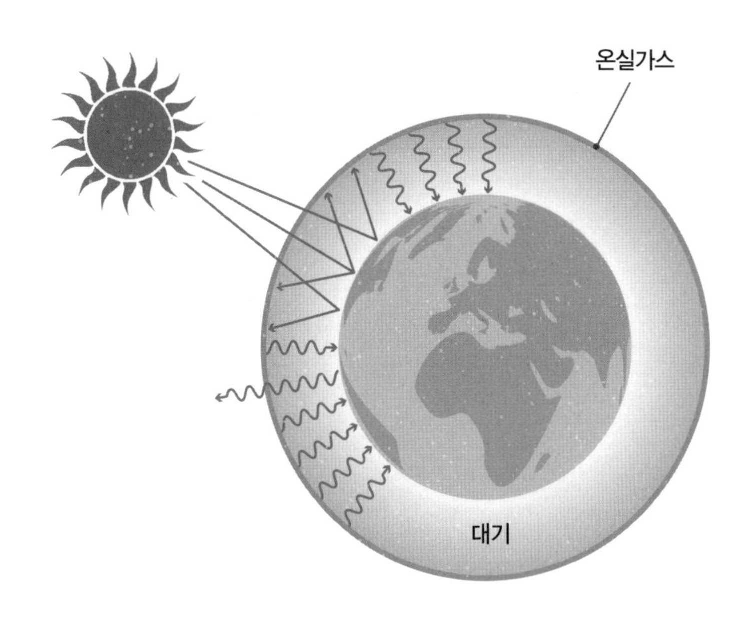

요. 온실가스가 대기 중에서 뭉치면 지구의 표면 온도는 올라갈 테고, 이는 지구에 어마어마한 영향을 끼칠 겁니다.

온실가스를 이야기할 때 익히 듣게 되는 기체는 물론 이산화탄소에요. 이산화탄소는 냉난방에서 식량 생산에 이르기까지 인간의 다양한 활동에서 배출됩니다. 화석연료를 태우면 이산화탄소가 발생하는데 많은 나라가 마치 경쟁이라도 벌이듯 막대한 양을 배출하지요. 매년 인간 활동으로 대기 중에 방출되는 이산화탄소는 무려 370억 톤이에요.

이산화탄소 다량 배출이 최근의 일이라고 해도 충분히 걱정스러울 판인데 영국과 같은 산업화 국가에서는 우리가 태어나기 훨씬 전부터 문제가 시작되었습니다. 19세기 산업혁명 당시 높다란 실크 모자를 쓴 엔지니어들은 여기저기에 교량을 건설했어요. 당시 변화의 선두에 있던 국가들의 욕심은 끝이 없었지요. 그 욕심을 모두 채우려면 그만한 에너지가 필요했고 가능한 한 빨리 석탄을 캐내 태워야 했어요. 산업화 시기 이후 우리의 온실가스 배출 능력은 지구를 배려하는 인식이 따라잡을 수도 없을 정도로 향상되었고, 문제는 점점 커져만 갔습니다.

대규모 온실가스 배출은 우리 존재 자체를 위협합니다. 영국 등 이미 산업화된 부국富國뿐 아니라 아주 소량만을 배출하는 국가도 위협받기는 마찬가지에요. 세계가 뜨거워지면 예상하지 못했던 온갖 결과가 나타나게 됩니다. 극지의 빙하가 녹아 해수면이 높아지고 홍수가 발생해 섬나라가 주거 불가능한 곳이 되는가 하면 열돔heat dome 현상으로 기록적인 고온 현상이 빚어져 산불이 발생하기도 하지요. "홀로세로 돌아가게 해주실 수 없나요?"라고 지구에 애걸해야 할 판이에요! 지구는 아마 "당장 온실가스 배출을 중단하고 만방으로 노력한다면 가능하지"라고 대답할지도 모르겠군요. 모든 것이 '딱 적당했던' 그때로 돌아갈 수는 없다 해도 바로 오늘 지구에 가해지는 해악을 중단하는 일은 가능해요. 그러려면 당장 움직여야 합니다.

기후 분야에서는 '기후 안정화' 혹은 '지구 온도 상승 제한'이라는 용어가 종종 사용됩니다. 최근까지 많은 전문가가 우리가 이미 재난

투두 리스트를 좋아하는 독자를 위한 (상대적으로 단순화한) 2단계 계획!

1. 탄소 배출하지 않기

첫 번째는 온실가스 배출 중단하기입니다. 가장 효과적인 방법은 화석 연료를 땅속에 그냥 두는 거예요. 가장 어리석은 방법은 평소처럼 탄소를 배출하며 누군가 똑똑한 사람이 공기 중 이산화탄소를 다 처리해주는 기계를 개발할 때까지 기다리는 것이겠죠.

2. 지구가 자기 일을 하도록 해주기

1단계에서 보았듯 숲과 사막, 바다 등 지구의 생태계는 인간 활동에서 배출된 오염물을 흡수하고 저장하는 놀라운 역할을 해냅니다. 문제는 우리가 지구의 저장 능력을 훨씬 넘어서는 양을 배출한다는 데 있어요. 담요로 비유해볼까요? 밤에 담요를 여러 겹 덮고 잔다면 어떻게 될까요? 덥다고 느끼면서 잠결에 담요 몇 개를 차내는 호사를 누리겠지요. 하지만 지구에는 그런 호사가 없어요. 지구의 담요는 온실가스를 가둬 세상을 덥히니까요. 표면 온도 상승은 얼핏 보기에는 별것 아닌 것처럼 느껴질지도 몰라요. 하지만 분명히 경고했습니다. 지구의 기온 상승은 심각한 일이 아닐 수 없어요!

온도를 넘어섰고 대기 중에 축적된 온실가스가 수십 년, 혹은 수백 년 동안 계속 지구의 온도를 높일 것이라고 말했어요. 하지만 드물게 좋은 소식도 있었답니다! 석탄과 가스 같은 화석연료 사용을 중단하고 태양광이나 풍력 같은 재생에너지를 활용한다면 수십 년 안에 기후를 안정화할 수 있으리라는 전망이었죠.[3] 이런 고마운 기회가 찾아오다니요! 지구의 나쁜 친구인 우리는 그런 보상을 받을 자격이 없다고 말하는 사람도 있을지 모르겠어요. 하지만 기회가, 그리고 커다란 보상의 가능성이 존재한다는 사실은 중요해 마지않습니다. 당연히 시도해볼 가치가 있지 않을까요? 여러분도 그렇게 생각하시나요?

관점을 바꾸고 과거의 이기적이고 나쁜 방식을 중단한다면 우리는 하루하루 지구를 더 많이 알아가고 놀라운 지구의 회복탄력성을 목격하게 될 거예요.

이제 새로이 시작해 이전과 다른 시각으로 접근해야 할 때예요. 그전에 우선 기후위기를 조금 더 알아야 합니다. 주눅 들기 위해서가 아니라 지구의 현황을 정확히 알고 현실적 가능성을 파악해 화석연료 없는 미래로 가기 위해서 말이지요. 두 번째 퀴즈가 그런 역할을 해주길 기대하며, 가볼까요?

QUIZ
인류세 범인 수색 사건
: 지구의 과거에서 미래까지

11. 앞으로 1만 년에서 1만 2,000년이 지나고 나면 인류는 새로운 집으로 옮겨 가야 할 것으로 보인다. 길 건너편이 아니라 완전히 새롭고 알지 못하는 곳으로 말이다. 호모사피엔스를 포함해 지구 위 모든 생명체에게 '딱 적당했던' 홀로세 시대를 지나 덜 안정적이고 덜 예측 가능한 시대로 가는 것이다. 이 시대의 이름은 무엇일까?

A. 인류세 The Anthropocene
B. 용광로 시대 The Crucible
C. 무연탄 시대 The Anthracite epoch
D. 강제 시대 The Forcing epoch

12. 앞에서 살펴봤듯이, 지구온난화의 주된 원인은 산업혁명 이후 인류가 배출한 이산화탄소이다. 옥스팜Oxfam과 스톡홀름환경연구소SEI에서 집계한 1990~2015년 연간 이산화탄소 배출량 변화는 어땠을까?

A. 20% 감소
B. 60% 증가
C. 산업화 이전과 비교해 90% 증가
D. 20% 증가

13. 유엔기후변화협약UNFCC(거의 모든 국가가 참여한 유엔 총회에서 결정되었다)에서 지구 온도 상승의 한계선으로 정한 마법의 숫자는 무엇일까? 많은 기업이 이 목표를 추진하고 있다.

A. 섭씨 1.5도
B. 섭씨 2.7도
C. 0도
D. 섭씨 3.4도

14. 기후 연구자들의 끊임없는 노고를 기억하자! 결국 수십 년 동안의 연구와 지구 곳곳의 관측이 없었다면 우리는 상황을 제대로 알지 못했을 것이다. 1958년 대기학자 찰스 데이비드 킬링Charles David Keeling이 대기 중 이산화탄소 농도를 측정하기 시작한 곳은 하와이의 마우나로아산 꼭대기에 있는 관측소였다. 백만율분ppm 단위로 볼 때 당시 이산화탄소 수준은 어느 정도였을까?

A. 280ppm
B. 400ppm
C. 316ppm
D. 325ppm

15. 기후변화로 인한 지구 온도 상승의 파급은 이미 모두가 체감하고 있다. 2021년 여름, 산불과 홍수가 여러 대륙을 휩쓸었고 친숙했던 곳들이 재난 지역으로 바뀌었다. 기후변화에 관한 정부간 협의체IPCC가 내놓은 보고서가 언론 머리기사를 장식하기도 했는데, 유엔 사무총장 안토니우 구테흐스António Guterres는 이 보고서가 무엇을 나타낸다고 했을까?

A. 이 행성에서 인류가 존재한 짧은 역사에서 가장 큰 위협

B. 지구가 들어선 죽음의 나선. 우리를 지키려면 과감한 행동이 필요하다.

C. 기후위기의 잠재적 해결. 우리는 위기를 적시했고, 해결책을 마련했다. 우리가 할 일은 깨어나 변화하는 것뿐이다.

D. 인류에게 울린 적색경보

16. 이산화탄소가 유일한 온실가스는 아니다. 메탄은 이산화탄소보다 28~34배나 큰 피해를 입히는 지구온난화 기체이다. 다음 중 메탄을 가장 많이 배출하는 것은 무엇일까?

A. 소의 방귀

B. 소의 트림

C. 거름통에 쌓인 소 배설물

D. 방목 중인 소들

17. 지구는 우리가 만들어내는 지구온난화 오염물을 열심히 제거하고 모아 두려 한다. 나무도 여기서 중요한 역할을 한다(나무는 탄소 저장에 참으로 중요한 존재이므로 이후 4단계 전체를 나무에 할애하려 한다)**. 그 외에도 탄소를 빨아들이는 멋진 존재가 있다. 다음 중 무엇일까?**

A. 크릴. 무게 1그램에 불과한 갑각류지만 매년 지구 대기에서 120억 톤의 이산화탄소를 제거한다.

B. 장미 덤불. 장미 덤불은 촘촘하게 얽힌 꽃잎 사이나 복잡한 뿌리 체계에 탄소를 가두어 프랑스의 향수 중심지 그라스에서만 1기가톤Gt을 해결한다.

C. 곰과 늑대. 숲에 이런 동물들이 다시 살게 되면 55억 톤의 탄소(미국의 한 해 배출량에 맞먹는 양이다)가 처리될 것으로 추산된다.

D. 감람암. 오만Oman과 같은 사막 지대에 있는 이 암석은 매년 110억 톤의 이산화탄소를 처리한다.

18. 온실가스 배출 증가가 곧 지구 온도 상승을 의미한다는 사실은 우리 모두 안다. 그린란드 일부 지역의 기온이 무려 18도를 기록한 2021년 9월, 기지의 과학자들에게 닥친 전례 없는 사건은 무엇이었을까?

A. 그린란드 만년설 위에 처음으로 비가 내렸다.
B. 눈이 많아져 과학자들이 눈에 갇혔다.
C. 그린란드 만년설에서 최초로 태양광 발전이 이루어졌다.
D. 보급품이 헬리콥터 대신 카약으로 운반되었다.

19. 2021년 9월, 청소년기후행동Youth4Climate 정상회담에서 스웨덴의 소녀 환경운동가 그레타 툰베리는 세계 지도자들의 공허한 말장난을 두고 몇 차례나 이 표현을 내뱉었다. 세 단어로 된 이 표현은 무엇이었을까?

A. 와 와 와Wah wah wah
B. 그래 그래 알았어Yeah yeah yeah
C. 먹고 소리 지르고 했던 말 또 하고Eat, rave, repeat
D. 어쩌고저쩌고Blah blah blah

20. 우리(일반 대중)는 기후위기 문제에 얼마나 관심을 두면서 살까? 앨버트Albert(탄소발자국을 줄이고 지속 가능한 업계로의 전환을 목표로 하는 영국아카데미영화상BAFTA의 산하조직)를 비롯한 미디어 단체는 언론에서 '기후', '탄소', '배출'과

같은 언급이 얼마나 나오는지 추적했다. 그 결과는 퍽 놀랍다. 다음 중 영국 TV 프로그램 분석 결과가 아닌 것은 무엇일까?

A. 2018년 영국 TV에서는 '기후변화'보다 '고양이', '케이크', '소풍'이 더 많이 등장했다.

B. 2019년 영국 TV에서는 '기후변화'보다 '개', '결혼식'이 더 많이 등장했다.

C. 2020년 영국 TV에서는 '기후변화'가 '생물다양성'보다 10배, '바나나빵'보다 15배 더 많이 등장했다.

D. 2020년 영국 TV에서는 '개'나 '고양이'보다 '기후변화'가 더 많이 등장했다.

ANSWER

정 답

11. 답: A

우리가 사는 이 시대는 인류세라 더 많이 불리고 있어요. 하지만 새로운 시대를 선포할 증거가 충분하지 않다고 보는 과학자들도 있기 때문에 아직은 비공식적인 명칭입니다. 인류세는 그리스어로 인간을 의미하는 anthropos에 새롭다는 뜻의 cene이 합쳐진 용어에요. 2022년 한 과학 논문에 처음 등장한 이 말은[4] 우리 인간이라는 종이 지구에서 가장 큰 영향력을 행사하고 있는 현실을 바탕으로 합니다. 놀라우면서도 오싹한 일이죠.

인류세라는 용어에는 지구를 새로운 지질학 시대로 넘어가도록 압박한 책임이 살아 있는 모든 인간에게 동일하게 있다는 느낌을 준다는 한계가 있어요. 이미 알고 있듯 이는 사실이 아닙니다. 방글라데시의 가난한 가정에서 태어난 사람은 저보다 훨씬 작은 탄소발자국을 가지겠지요. 하지만 선진국 사람들의 영향력이 어느 정도까지 파괴적인지, 지구 전체 역사에서 우리가 얼마나 유별난 존재인지 보여준다는 면에서는 유용합니다. 인류는 유례없이 지구의 생명 유지 체계에 막대한 영향력을 발휘하고 있어요. 이 소비주의 사회에서 지구의 진짜 친구가 되려면 그 영향력을 가능한 한 줄여야 합니다.

12. 답: B

1990년에서 2015년까지 25년 동안 이산화탄소 배출량은 60% 증가했어요. 국제구호개발기구 옥스팜과 스웨덴 스톡홀름환경연구소가 2020년에 이 결과를 발표했지요.[5] 이 수치는 많은 이들에게 충격이 아닐 수 없었어요. 우리가 살고 있는 이 시대에 지구가 변화를 겪고 있다는 사실은 언제 접해도 늘 충격을 주는 것 같네요. 배출이 줄었다는 A를 혹시 답으로 선택했나요? 이게 정답이면 얼마나 좋을까 싶을 뿐이에요.

13. 답: A

답은 섭씨 1.5도예요. 과학계가 계산해내기론 1.5도가 우리 귀중한 지구의 일부 지역을 서식 불가능하게 변모시킬 순환 고리feedback loop를 끊고 불안정성을 제한해 줄 온도라고 합니다. 해수면이 높아지면 터전을 잃게 될 태평양 섬의 저지대 국가를 특히 염두에 두어야 해요. 1.5도라는 목표선이 이미 무의미해졌다고 보는 사람도 많아요(2021년의 연구에 따르면 이미 섭씨 1.1도의 기온 상승이 일어났다고 하니 말이죠). 하지만 열정과 의지를 잃지 말아야 해요! 우리는 무슨 수를 쓰더라도 세계 기온 상승을 1.5도 이내로 억제해야 해요.

14. 답: C

답은 316ppm으로, 산업화 이전 시대의 280ppm보다 약간 높은 수준이에요. 마지막 빙하 시대 말기의 대기 온실가스 농축이 그 정도였을 테죠. 이후 인간은 화석연료를 태우면서 석탄 채굴을 용이하게 해주는 기계를 개발했어요(1단계에서 소개했던 제임스 러브록은 《미래로 가는 험난한 여정A Rough Ride to the Future》이라는 책에서 1712년 토머스 뉴커먼Thomas Newcomen이 발명한 뉴커먼 엔진을 결정적인 요소로 지적하기도 했어요).[6] 이 문제를 만들고 있는 현재 이산화탄소는 1년 전의 411ppm보다 높아진 413ppm입니다. 여전히 나쁜 방향으로 가는 중이지요!

혹시 B를 골랐다면, 400ppm 선을 넘어선 것은 2014년 5월 2일로, 무려 80만 년 만의 수치였답니다.[7] www.co2.earth/daily-co2로 가보면 오늘의 이산화탄소 수치를 여러분이 태어난 날의 수치와 비교해볼 수 있어요.

15. 답: D

유엔 사무총장 안토니우 구테흐스는 이 보고서가 인류에게 울린 적색경보라고 말했어요. 사실 이것은 기후변화에 관한 정부간 협의체가 내놓은 여섯 번째 보고서였지만 언론 머리기사에 오르기는 처음이었습니다. 왜일까요? 증거를 제시하며 우리 인류가 지구와 충돌하는 여정에 들어섰다고 냉정하게 지적했기 때문일 거예요. 이 말이 나온 날짜를 혹시 기억하나요? 저는 이날을 인간인 것이 자랑스럽지 않았던 날, 이보다는 더 잘 해내야 한다고 생각한 날로 기억합니다. 정답을 맞혔다면 정말 대단해요!

다른 말들도 충분히 유의미하니 잠깐 살펴보자면 A는 미국의 배우 겸 활동가 마크 러팔로Mark Rufallo가, B는 영국의 언론인이자 활동가인 조지 몽비오George Monbiot가, C는 그레타 툰베리가 한 말이에요.

16. 답: B

일단 별로 우아하지 않은 질문에 사과의 말씀을…… 답은 소의 트림이에요. 아마 방귀를 선택한 사람이 많을 텐데(방귀는 잘 드러나니까요) 사실 소의 트림이 지구 온난화에 더 큰 영향을 끼친답니다. 트림은 '장내 발효', 즉 당을 분자로 바꾸어 혈액에 흡수되도록 하는 소화 과정의 일부인데, 이 과정의 부산물이 바로 메탄이에요. 소의 배설물이 처리되는 거름통이 두 번째로 메탄을 많이 만들어냅니다. 세 번째인 방귀는 소의 긴 장에서 메탄이 만들어져 배출되는 과정입니다.[8] 다시 순서를 정리하면 트림, 거름통, 방귀 순이에요!

17. 답: A

답은 놀랍게도 크릴이에요! D를 선택했다면 현재 이산화탄소 직접포집기술을 활용해 오만의 감람암에 이산화탄소를 가두는 연구가 활발히 이루어지고 있다는 점을 말해주겠어요. 아직 실현되지는 않았지만요. B는 아무 증거가 없는 터무니없는 이야기지만 C는 어느 정도 일리가 있어요. 2017년 캘리포니아 스탠퍼드 대학의 한 연구에 따르면 포유류가 많이 사는 숲은 포유류가 살지 않는 숲에 비해 더 많은 탄소를 가둘 수 있다고 해요. 아마존 원주민 마을을 대상으로 한 이 연구 결과에 따르면 포유동물이 서식하는 곳은 환경 효율성이 높아진다고 합니다. 아마존의 포유동물 개체 수가 유지된다면(아마존의 여러 생물권에서 포유

동물은 감소하는 추세이지만요) 55억 톤의 탄소가 저장될 수 있는데,[9] 이는 2017년 미국이 배출한 총량에 맞먹는 양이라고 해요.[10]

다시 크릴로 돌아와서, 정답을 맞혔다면 두 가지를 이해한 셈이에요. 우선 작은 (그리고 상대적으로 별로 예쁘지 않은) 생명체의 힘을 과소평가하면 안 된다는 점이에요. 크고 위엄 있는 종이 무엇이든 알아서 해주지는 못해요. 무게 1그램에 불과한 이 작은 갑각류도 모이면 강력한 탄소 대항력이 된답니다. 두 번째로는, 크릴이 펭귄이나 고래의 먹잇감에 불과한 존재가 아니라는 점이에요. 바로 다음 단계에서 우리는 크릴에 대해 좀 더 알아볼 거에요. 미리 말해두자면 저는 크릴의 광팬이랍니다!

18. 답: A

그린란드의 기지에 눈이 아닌 비가 내린 적은 처음이었어요. 전혀 예상치 못한 사태라 기지의 과학자들에게는 강수량 측정 장비조차 없었다고 해요(아마 우산도 없었을 거예요)! 몇 차례 기회가 닿아 극 기지에서 일하는 연구자들과 만난 적이 있었는데 그들이 빙하가 녹아내리는 상황에 얼마나 잘 적응해갔는지 놀라기도 했었어요. 영국남극연구소BAS의 한 과학자에게 담당 업무에 대해 물었을 때 이런 대답을 들었던 기억이 나는군요. "요즘은 수영할 수 있는 로봇을 만들고 있습니다."

19. 답: D

답은 "어쩌고저쩌고"에요. 이후로도 툰베리는 이 말을 계속 사용했고, 이제는 이 말이 기후 행동에 말만 앞설 뿐 실천은 없는 정치인들을 뜻하는 용어가 되어 버렸어요. 당시 툰베리는 정치인들의 공허한 약속을 사례로 들기도 했는데 그중에는 2021년 글래스고에서 개최된 제26차 유엔기후변화협약 당사국총회에서 영국 총리 보리스 존슨이 한 연설들도 있었어요. 한 연설에서 존슨 총리는 친환경 행동을 주장하는 운동을 "토끼 껴안기bunnyhuggers"라고 표현했는데, 툰베리는 기묘한 말로 기후운동을 폄하하는 총리의 성향을 "토끼 껴안기 어쩌고저쩌고" 라고 비꼬았지요. 그리고 "어쩌고저쩌고의 30년"이라는 표현으로 세계 모든 정상의 오랜 행동 부재 상태를 지적하기도 했어요.[11] 탄소 배출을 줄여 지구 온도 상승을 섭씨 1.5도 이내로 제한하자는 말과 행동 사이의 괴리를 이렇게 잘 표현해낼 수가요! B라고 답했다면 비틀스의 〈She Loves You〉라는 노래를 떠올렸을지도요?

20. 답: D

앨버트가 2021년에 발표한 2020년의 지속 가능성 조사에 따르면 '기후변화' 언급은 그 전해보다 약간 줄어 1만 2,700건 정도였다고 해요. 조사가 시작된 이후 3년 연속 '기후변화'는 '케이크(11배 많이 언급)'에는 상당히, '개(23배 많이 언급)'에는 완전히 뒤처졌어요.[12] 앨버트 측은 조사 자료를 수집할 때 영국 전역의 TV 네트워크 자막을 수집하는 방식을 사용한다고 해요. 이외에도 앨버트는 영국 TV 프로그램(유명 드라마 포함)이 재생에너지로 스튜디오를 운영하는 등 제작 과정에서 탄소 배출을 절감하도록 독려하고자 이와 같은 사항을 이행했는지 인증하는 제도도 운영합니다. 아직 성과가 썩 많은 편은 아니지만, '기후'라는 말이 '개'와 비슷한 빈도로 나오는 때가 온다면(저도 유기견 두 마리를 키우는 사람이랍니다!) 방송 쪽에서도 지구를 위한 중대한 전환이 이루어질 길이 마련되었다고 볼 수 있겠죠?

아마 힘들었을 텐데, 잘 해냈어요! 홀로세 개념을 이해하고 탄소 배출과 관련된 발언을 접했으며 탄소 배출을 줄일 방법도 고민했으니까요! 하나도 빠짐없이 대단히 유용한 정보라는 점을 다시 말해둬야 할 것 같군요. 점수가 영 못마땅하다면 언제든 재도전할 수 있다는 점을 잊지 마시길!

STAGE 3

▷ START

지구 공동생활자와 팀을 결성하시오

지구와 진짜 친구가 된다는 것은 자연의 모든 존재를 옹호한다는 뜻이에요. 가장 작은 생명체를 크게 인식하고 그것이 생태계에서 담당하는 중요한 역할을 이해하는 것이지요.

벌써 3단계에 도달했습니다. 지구 행성과의 관계 회복 여정이 잘 진행되고 있군요. 이 길을 당신 혼자 걷는 게 아니라는 점을 꼭 짚고 넘어가야겠습니다. 과학이 밝혀낸 나름의 생물군계를 이룬 190만 종(일부는 1조 이상으로 추정하기도 합니다)의 동식물이 당신의 든든한 뒷배가 되어주고 있어요! 이들 모두가 지구라는 집을 공유하는 공동생활자라고 볼 수 있겠죠? 이 공동생활자를 화나게 하거나 먹이를 빼앗지 말아야 함은 당연하고요. 인간 중심 사고가 확고한 사람이 있다면 우리가 얼마나 많은 생명과 지구를 공유하고 있는지 찬찬히 설명을 해주어도 좋을 거예요.

지구는 온갖 동식물 생명체로 가득합니다. 그 각각이 서로에게 의존하여 살아가지요. 동물은 스스로 먹이를 생산할 수 없습니다(아르마딜로가 장 보는 모습은 보지 못했을 거예요). 결국 식물과 다른 동물을 먹이로 삼아야 하지요. 우리 역시 모든 측면에서 동식물에 의존합니다. 다른 종이 번성해야 우리도 번성하지요. 동식물이 넘치도록 많다면, 이는 곧 지구가 건강하다는 표시입니다.

이번 단계(그리고 다음 단계)는 자연과 생물다양성 분야의 오스카 시상식으로 봐도 무방합니다. 자연과 생물다양성은 사실상 같은 말이

알고 있나요?

자연을 사랑하는 여러분! 혹시 인터넷 접속이 가능하다면 무료 온라인 데이터베이스인 생명백과사전(eol.org)을 살펴보면 어떨까요? 과학이 밝혀낸 190만 종의 동식물을 망라해 소개하는데, 이무리 봐도 지루하지 않을 만큼 흥미진진하답니다!

지만 저는 '자연'을 선호합니다. '생물다양성'이라는 말은 어쩐지 거리감이 느껴지지 않나요? "생물다양성을 좋아하세요?"라는 질문을 받으면 "글쎄요"라는 대답이 나오지만 "자연을 좋아하세요? 자연을 보호하고 존중하는 데 최선을 다하고 싶으신가요?"라는 질문에는 "당연히 그렇죠!"라는 대답이 나오는 법이니까요.

저는 이 책에서 후자의 반응을 기대합니다. 지구와 진짜 친구가 된다는 것은 자연의 모든 존재를 옹호한다는 뜻이에요. 가장 작은 생명체를 크게 인식하고 그것이 생태계에서 담당하는 중요한 역할을 이해하는 것이지요. 지렁이부터 시작해 봅시다. 지렁이가 바로 오늘의 첫 번째 수상자예요. 이유가 뭐냐고요? 지렁이는 유기물 잔해를 처리해 토양을 비옥하게 만들면서 흙에 산소를 공급합니다. 어디 가서 돈 주고도 살 수 없는 서비스에요. 그런데 우리가 지렁이를 생각하는 시간은 얼마나 될까요? 지렁이에 대해 무엇을 알고 있나요?

생각도 거의 안 하고 아는 것도 없을 거예요. 알려진 지렁이 종만도 6,000개 이상이고[1] 땅 1에이커(약 1,200평)당 지렁이가 100만 마리 넘게 사는데도 말이죠. 따라서 심사위원(바로 접니다)은 지렁이의 대단한 재능과 헌신에 높은 점수를 주지 않을 수 없었다고 하네요(제가 자란 잉글랜드 남서부 데번주의 한 마을에서는 매년 '지렁이 축제'가 열렸으니, 아마 저는 평균적인 사람보다는 지렁이 생각을 더 많이 해왔을 거예요).

앞에서 탄소 저장 능력이 대단한 크릴을 짧게 소개했습니다. 이제 좀 더 깊이 들어가볼 거예요. 크릴 배설물도 우리 생각보다 훨씬 깊이 내려간다고 하니까요.(이 책에서 '소와 고래의 배설물'로 한 단계를 구성하지 않은 것을 다행으로 여기시길. 농담이 아니고 정말로 그러려고 했다니까요!) 크릴이 바로 두 번째 수상자입니다. 심사위원은 바다의 크릴 떼가 식물성 플랑크톤을 먹고 탄소와 영양소(아연 포함)를 배출함으로써, 우리가 토양에 비료를 뿌려 생산력을 높이듯이 바다의 생산력을 높여준다는 데 깊은 인상을 받았다고 하네요.[2]

크릴의 배설물도 중요합니다. 덩어리로 뭉쳐진 배설물은 바닷속 바닥으로 내려가 안전하게 탄소를 저장합니다. 연구에 따르면 크릴은 우리 생각보다 훨씬 더 용감한 존재라고 해요. 수십 년 동안 과학자들은 크릴이 남극 바다의 수심 150미터까지만 돌아다닌다고 생각했어요. 이 정도 깊이에서까지 식물성 플랑크톤과 접할 수 있기 때문이었지요. 하지만 크릴은 훨씬 깊이 내려갔습니다. 수중 카메라에 포착된 크릴은 해저면 바로 위까지 헤엄쳐 내려갔다고 해요. 이 사실이 중요한 이유는 크릴이 더 깊은 곳으로 내려갈수록 배설물 덩어리가 떠오를 가능성이 줄고, 해저에 안착해 탄소를 저장해둘 가능성이 높아지기 때문이에요.

잘한 것이 있으면 상을 받고 싶어 하는 우리 인간과 달리 크릴이나 지렁이는 딱히 찬사를 필요로 하지 않습니다. 다만 존중은 필요하지 않을까요? 그들은 현재 찬사를 받기는커녕 위험에 처해 있으니까요. 우리의 일상적인 행동이 이들에게는 위협이 됩니다. 연간 대기 중 이산화탄소 120억 톤을 처리하는 과정에서 핵심적 역할을 담당하는 크릴에게 우리는 어떤 짓을 하고 있을까요? 예상 적중입니

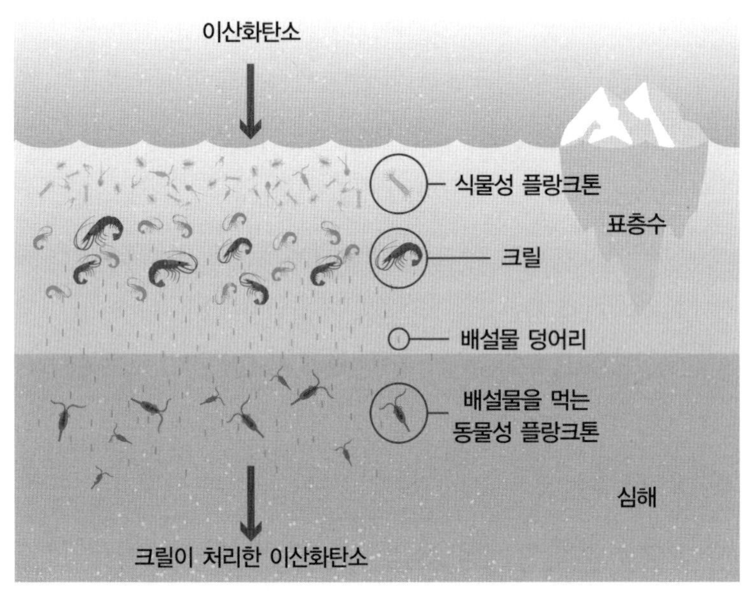

아주 작은 크기의 크릴은 대양의 탄소 순환에 크나큰 역할을 담당한다.

다. 바로 남획이에요. 크릴은 가축과 반려동물 사료의 원료로 쓰이거든요. 탄소 처리의 영웅이 소모되기에는 하잘것없는 용도라는 생각이 드는데, 당신의 생각은 어떤가요?

인류세의 시대에 작은 종이 생존하기는 쉽지 않습니다. 이제 먹이사슬의 가장 아래쪽에 넘치도록 많아 보이는 작은 생명체에 조금 더 주의를 기울여야 해요. 예를 들어 '다윈의 후계자'로 알려진 위대한 생물학자 에드워드 윌슨E. O. Wilson은 오랫동안 개미 군집 연구에 매달렸지요.

크릴뿐 아니라 지렁이도 과학자들의 우려를 사고 있습니다. 토양의 건강과 우리의 식량 생산에 토대 역할을 하는 지렁이가 기후변화의 영향을 받기 때문이에요. 기후변화로 강수량이 많아졌는데, 지렁이는 습한 날씨에 취약합니다. 지렁이가 이전엔 없던 캐나다 최북단 숲에서 발견되는 초유의 상황도 벌어졌어요. 과거 얼어 있던 땅이 기후변화로 녹으면서, 그리고 화석연료 운반용 파이프라인 등 여러 개발이 일어나면서 지렁이가 북쪽으로 퍼져나간 거예요. 숲에서는 유기물질을 먹어치우는 지렁이의 장점이 이곳에서는 문제를 일으킵니다. 탄소가 추가로 배출되기 때문이에요.[4] 잘못된 장소로 간 지렁이는 지구의 친구에서 적으로 돌변합니다.

사실 인류세에는 그 어떤 생명체도 생존하기가 쉽지 않아요. 전 지구적으로 동식물이 그 어느 때보다 빠른 속도로 사라지고 있지요. 세계 각지의 동식물 가운데 25%가 멸종 위기에 처한 상태에요.[5] 이

알고 있나요?

세계자연기금WWF은 "과학자들은 지구상에 얼마나 많은 종이 존재하는가보다 은하계에 얼마나 많은 별이 존재하는가를 더 잘 안다"라고 꼬집어 말하기도 했지요.[3]

책을 작업하면서 읽은 온라인 자료가 말하길, 2021년 동안 미국에서 새, 물고기, 홍합, 박쥐 총 22종이 공식 멸종했다고 합니다. 22종이나 떠나버렸어요. 이들은 두 번 다시 되돌아오지 않을 테지요.

2022년은 최대로 많은 종의 멸종이 선언된 해라고 합니다. 이 소식에 얼마나 충격을 받았던지 처음엔 흰부리딱따구리가 명단에 포함되었다는 사실조차 알아차리지 못했어요(그 멋진 모습을 사진으로 확인한 지금은 한층 더 슬픔이 밀려옵니다). 하지만 이는 여섯 번째 대멸종이라 이름 붙은 시대에 발생한 사소한 사건에 불과해요. '대'멸종이라니 대체 얼마나 많이 사라진다는 얘기인지 오싹할 뿐입니다.

이런 충격적인 소식을 접하고 나면 세계 여러 나라가 이런 파괴를 막기 위해 어떤 목표와 법규를 마련했는지 찾아보곤 합니다. 곧 2010년, 유엔에서 설정한 20개 목표를 확인할 수 있었어요. 산호초와 같은 특정 생태계를 보호하려는 목표도 있었지만, 우리 인간이 자연에 가하는 피해를 실질적으로 줄이려는 변화, 예를 들어 자연 파괴 활동에 흘러드는 정부 보조금을 없애려는 목표 등도 포함되어 있었어요. 아이치 생물다양성 목표(아이치Aichi는 유엔기후변화협약 당사국 총회가 열렸던 일본의 지명이에요)로 알려졌지요.

목표가 얼마나 달성되었는지 확인해보니 놀랍게도 이 책을 쓰는 시점까지 단 하나도 달성된 것이 없었어요. 2010년에 만들어진 목표가 말이에요! 실상 자연 파괴를 중지하거나 제한하겠다는 유엔의 목표는 지금까지 달성된 적이 없습니다. 도무지 납득이 가지 않는 상황이에요. 이렇게 많은 종을, 심지어 아직 발견되지 않아 그 존재조차 제대로 알지 못하는 종을 그저 잃어버릴 수는 없어요. 우리는 이 행성에 잠시 머무르는 존재에 불과한걸요. 우리는 지구를 우리가 알거나 알지 못하는 모든 종이 살 수 있는 곳으로 유지하는 데 책임을 다해야 합니다.

하지만 이를 깨달은 것은 극히 최근의 일이에요. 1980년 한 과학 연구팀은 열대우림의 곤충 다양성을 발견하고 경악했다고 해요. 파나마의 나무 열아홉 그루를 조사했을 뿐인데, 거기서 찾아낸 딱정벌레 1,200종 가운데 80%가 지금까지 알려진 바 없는 존재였기 때문이죠. 현재 동식물종이 사라지는 속도로 보자면, 결국 우리가 알지도 못하는 사이에 수많은 종이 그냥 자취를 감출 것이 분명합니다. 참으로 슬픈 사실이지만 좌절하기보다는 결심을 한층 다져야 해요! 지금 당장 우리가 할 일이 있으리라 믿으면서요.

이 시점에서 지구의 진짜 친구라면 권력을 가진 이들에게 책임을 요구하며 행동할 겁니다. 우선은 자연을 최대한 잘 이해한 후 자연 보호 단체에 가입하고 지지 서명을 하는 일이 최선이에요. 1분도 지체해선 안 됩니다! 민주주의 국가에서 살고 있다면 이 모든 상황을 분명히 인식하고 있는 후보에게 표를 주어야 하겠지요. 개발 명목으로 인한 지역 서식지 파괴든, 우리 소비에 따른(소비 문제는 5단계에서 더 다룹니다) 토지 사용의 변화로 인한 멸종이든, 곧바로 나서서 자연을 위해 목소리를 내야 해요. 자연 보호가 곧 지구 보호입니다. 이 두 가지는 결국 서로 연결되어 있어요.

자, 자연 보호에 적극 나서기 전에 일단 어디까지 아는지부터 확인해봅시다!

QUIZ

함께일수록 풍요롭다
: 크릴새우부터 코뿔소까지

01. 가장 신비로우면서도 가까이에서 볼 수 있는 동물부터 시작하자. 바로 새이다. 감염병 사태와 봉쇄의 여파가 낳은 긍정적인 결과가 있다면, 탐조를 취미로 하는 사람이 몇백만 명이나 늘어났다는 점이다. 지구의 진짜 친구가 되려는 이들에게 이 취미를 추천한다. 그렇다면 과연 지구를 빛내 주는 새는 몇 종이나 될까?

A. 400만 종
B. 25만 종
C. 1만 종
D. 10만 종

02. (관광 목적으로 호랑이 교배가 이루어지는) 미국에는 아시아와 전 세계 동물원에 있는 호랑이보다 더 많은 호랑이가 있다. 이는 사실일까 거짓일까?

A. 사실
B. 거짓

03. 앞서 잘못된 장소에 가 있는 지렁이 이야기를 했다. 1995년, 세이셸의 프헤갸뜨섬Fregate에 도착한 불청객은 무엇이었을까?

A. 무족영원 caecilian

B. 갑옷거미 bib arme (사실은 큰 딱정벌레)

C. 쥐

D. 전갈부치류 whip scorpion

24. 자, 이제는 인간과 동물의 대결이다. 다음 세 어류와 한 인간은 모두 수영 속도가 빠르다. 느린 것부터 빠른 순으로 제대로 나열된 예는 무엇일까?

A. 백상아리 < 청상아리 < 마이클 펠프스 < 대서양참다랑어

B. 마이클 펠프스 < 대서양참다랑어 < 백상아리 < 청상아리

C. 마이클 펠프스 < 대서양참다랑어 < 청상아리 < 백상아리

D. 대서양참다랑어 < 청상아리 < 백상아리 < 마이클 펠프스

25. 퀴즈의 중간에 도달했으니 지구에서 가장 강한 생명체를 생각해보면 어떨까. 이 동물 앞에는 '불멸'이라는 수식어가 붙곤 한다. 다른 어떤 동물과 비교해도 시련을 이겨내는 능력이 뛰어난 이 동물은 무엇일까?

A. 코알라

B. 재니등에

C. 청개구리

D. 곰벌레(완보동물)

26. 2021년 12월 미국 플로리다의 공무원들은 거대한 해양 생물인 바다소에게 손으로 먹이를 주는 특별 구조 작전을 시행했다. 수질오염으로 조류가 급증하면서 바다소가 굶어 죽을 위기에 처했기 때문이다. 공무원들이 배고픈 바다소에게 먹인 것은 무엇이었을까?

A. 수입 해초

B. 로메인 상추

C. 오렌지

D. 아몬드

27. 남아공의 크루거 국립공원에서 2000~2010년 사이에 밀렵꾼들에게 죽임을 당한 코뿔소는 몇 마리나 될까?

A. 10

B. 400

C. 4,000

D. 4만

28. 다음 중 양서류 개체 보유 수가 가장 많은 나라는?

A. 코스타리카

B. 부탄

C. 호주

D. 인도네시아

29. 시선을 조금만 밖으로 돌리면 다른 종들의 신비로움을 알게 된다. 일부 생명체들은 호모사피엔스보다 훨씬 짧게, 혹은 길게 산다. 북극고래는 얼마나 오래 살까?

A. 200살 이상

B. 80대까지

C. 40대 중반

D. 1,000년

30. 마지막 질문은 데이터 수집과 관찰 방법을 다룬 것이다. 생태학과 보존 과학conservation science**에서 매우 중요한 부분이다. 전문가들은 곤충 개체 수가 급감하고 있다고 우려한다**(꽃가루 매개 역할을 하는 곤충이 줄어들면 식량 생산에 문제가 생길 수밖에 없다)**. 다음 중 곤충 수 감소를 측정하는 방법은 무엇일까?**

A. 대기 흐름을 모니터링하고 생울타리에 곤충 포집망을 설치한다.

B. 자동차 창문에 끈끈이를 붙인다.

C. 집에 생울타리가 있는 사람들에게 설문 조사를 실시한다.

D. 나무에 살충제를 뿌리고 죽은 곤충 수를 센다.

21. 답: C

새 1만 종[6] 가운데 389종이 기후위기로 인해 멸종 위기에 처해 있어요. 이보다 두 배 많은 수치를 들어보았을지도 모르겠습니다. 2016년 일련의 학자들이 '종'을 기존 관례와 다른 방식으로 정의하기로 했기 때문인데요, 여기서는 다른 종과 짝짓기가 가능한지에 상관 없이 고유의 특징을 공유하는 집단을 종으로 보았습니다.[7] 이 기준으로 하면 새의 종 수는 1만 8,000개로 급증해요.

조류학에 관심이 있다면 조류도감(혹은 앱)이 필요할지도 모르겠네요. 저는 여덟 살 때 할아버지께 선물받은 조류도감을 아직도 사용한답니다! 사진 기술이 등장하기 전에 조류도감을 만드는 일은 얼마나 힘들었을까요? 아이티에서 출생한 프랑스인 존 제임스 오듀본John James Audubon이 바로 그런 작업을 해냈지요(그는 훗날 미국 시민이 되었습니다). 그는 조류 489종의 실물 크기 그림 1,065장을 그려냈고, 여기에 12년이나 걸렸다고 해요.

22. 답: A

슬프게도 사실입니다. 미국에 호랑이가 몇 마리나 있는지는 정확히 알려지지 않았지만 5,000마리가 넘을 것으로 추측해요. 아시아의 야생 호랑이는 4,000마리 미만입니다. 미국에 있는 호랑이는 대부분 개인 소유로 주택 뒷마당에서 키우거나 도로변 유흥시설에 수용되거나 교배시설에 들어가 있어요. 전 세계 동물원에 있는 호랑이 수는 1,659마리로 추산됩니다.[8]

23. 답: C

답은 바로 쥐예요. 섬의 보존에 앞장서는 이들에게는 경악할 일이었지만요. 딱정벌레와 전갈부치는 희생자 쪽입니다. 쥐에게 잡아먹혀 80%가 줄어들었지요.

A라고 답했다면 완전 오답이에요! 쥐가 세이셸의 침투종(기존 서식하는 종을 희생시키면서 번식하는 외래종)이라면 무족영원은 섬의 오래된 고유종입니다. 중생대의 곤드와나 초대륙에서 세이셸섬으로 건너간 것으로 추정되는 무족영원은 오랜 세월 동안 이곳에서 대를 이어왔답니다.

24. 답: B

최대 속도를 비교하면 마이클 펠프스가 시속 4.3미터, 대서양참다랑어가 시속 25미터, 백상아리가 시속 30미터, 청상아리가 시속 35미터랍니다.[9] 올림픽 메달을 28개나 딴 위대한 수영 선수 마이클 펠프스를 폄하하는 것은 절대 아니에요! 다만 인간의 속도가 다른 종을 따라가지 못한다는 점은 기억할 만하겠죠?

25. 답: D

생물학의 '경이'라 불릴 만한 완보동물에는 1,300종이 포함되며, 이들은 이끼와 젖은 땅 같은 축축한 곳에서 살아갑니다. 이들은 다른 생명체라면 거의 죽고 말았을 가혹한 조건에서도 살아남는 능력을 지녔는데, 그중 하나로 서식지가 건조되면 말린 코코넛 같은 모습이 되어 버티는 놀라운 재주가 있답니다. 하지만 덴마크 연구팀에 따르면 이런 건조 기간이 길어지면(온난화되는 세상에서 일어나기 쉬운 현상이지요) 곰벌레도 취약해진다고 해요. 탄소 배출을 중단해야 할 또 다른 이유가 생겼네요. 곰벌레가 계속 이끼 속에서 살 수 있도록 기후 문제를 해결해야 해요!

C를 선택했다면 안타깝지만 개구리가 기후변화에 가장 크게 타격받는 생명체라는 점을 말해두어야겠군요. 코알라도 기후위기에 가장 취약한 열 개종 가운데 하나랍니다.

26. 답: B

미국 공무원들이 바다소에게 준 음식은 로메인 상추에요.[10] 이런 긴급구조 상황이 점점 많아지고 있습니다. 직접 먹이를 주는 방식으로 재난에 대처할 때에는 위험을 최소화하도록 주의해야 해요. 플로리다 공무원들은 과거의 경험을 바탕으로 영양소와 수분을 함유하며 바다소의 건강에 피해를 주지 않는 로메인 상추를 먹이로 선택했어요. 바다소가 하루에 자기 몸무게의 10~15%를 먹어야 한다는 점을 고려하면 로메인 상추가 얼마나 많이 필요했을지 상상이 가나요? 바다소 한 마리당 하루에 23킬로그램 정도, 그러니까 시저 샐러드 100인분을 만들 수 있는 양이 필요했답니다.[11]

통통하고 느긋하던 바다소들이 갈비뼈가 앙상하게 드러날 정도로 굶주려 지역 주민들을 놀라게 한 이유가 무엇이었을지 궁금하겠지요. 답은 오염과 시기에 있었어요. 바다소들은 겨울이면 따뜻한 물로 돌아가 해초를 먹어야 하는데, 2021년에 조류가 급증하면서 해초 지대가 파괴되었던 거예요. 해양 오염과 수중 산소 부족 때문에 급증한 조류는 해초를 말려 죽이기에 이르렀고, 결국 2021년은 바다소가 기록적으로 많이 폐사한 해였어요. 공무원들이 바로 행동에 나섰으니 다행이지만, 이런 일이 아예 없었다면 더 좋았을 겁니다.

27. 답: C

2021년 《내셔널 지오그래픽》지가 추산한 수치에 따르면 무려 4,000마리가 죽임을 당했습니다.[12] D를 선택했다면 현재 야생 코뿔소 개체 수가 2만 7,000마리에 불과하다는 사실[13]에 아마 충격을 받겠군요. 하지만 밀렵과의 전쟁에서 좋은 소식도 있으니 좌절 마시길! 2018년 텍사스에서 수입되어 GPS 추적 장치를 단 하운드 개들이 코뿔소 밀렵꾼 추적에 투입되었습니다. 결과는 매우 성공적이어서 공원 내 밀렵이 24%나 감소했다는 사실!

28. 답: A

코스타리카의 개구리 수는 압도적이에요. 개구리를 가장 방대하게 다룬 한 조사에는 다음과 같은 말이 나오기도 합니다. "코스타리카의 개구리는 총 215종으로, 중앙아메리카에서 단위 면적당 가장 많은 종이 발견된다. 하지만 접근이 어려워 미탐사 상태인 지역이 많다는 점을 고려하면 이마저 과소평가된 수치일 것이다."[14]

코스타리카의 풍요로운 자연은 여기서 끝이 아닙니다. 이곳은 생물다양성의 보고나 마찬가지예요. 코스타리카 출신이라면 지구와 진짜 친구가 되는 길에서 이미 앞서 있는 셈이지요. 코스타리카는 군사비 예산을 교육과 환경 쪽으로 돌리면서 영토의 25%를 공원과 보호지구로 만들어 벌목이나 숲 파괴를 금지하기도 했습니다. 다른 나라들도 어서 그 뒤를 따르면 좋겠군요.

29. 답: A

북극고래는 200살 이상 사는 것으로 알려졌는데, 이는 과학자들이 북극고래의 사체를 해부하면서 고래 몸에 박혀 있던 작살을 탄소연대측정해 추정한 나이예요. 2007년에는 빅토리아 시대에 사용되던 작살이 박힌 고래가 발견되기도 했는데, 이는 그가 130년 넘게 살았다는 뜻입니다. 지구의 다른 지역보다 온난화 속도가 두 배나 빠른 북극에서 이토록 수명이 길다는 건, 이들에게 어떤 의미일까요?

30. 답: D

답이 끈끈이라니 무슨 뚱딴지같은 소리냐 싶겠지만 곤충 연구자들은 아주 진지합니다. 유럽 중에서도 덴마크, 영국의 켄트 지방, 프랑스 일부 농촌 지역에서 곤충 수가 급격히 감소했다는 관측 자료가 나왔습니다. 모두 식량 생산에 있어 곤충의 꽃가루 매개 활동에 의존하는 곳이지요.

이 측정법은 자동차의 번호판이나 창문에 끈끈이를 붙이고 운전해 곤충이 차에 부딪히게 한 후 끈끈이에 남은 흔적을 헤아리는 방식입니다. 이 방식을 활용해

덴마크 시골에서 1997년부터 2017년까지 측정한 결과에 따르면 곤충 개체 수가 무려 80%나 줄어들었다고 합니다.[15] 켄트 지역에서는 2004년 대비 2019년에 무려 50%가 줄어들었고요.[16] 동일한 실험 조건에서 측정하기 위해 각 지역의 연구자들은 일부러 구형 자동차를 사용하기도 합니다. D를 답으로 골랐다면, 파나마에서 실제로 나무에 살충제를 뿌려 죽은 곤충 수를 센 연구가 있긴 했어요. 여러 종의 딱정벌레 1,200마리가 죽었다고 하는데[17] 지구 친화적인 방법으로는 보이지 않지요?

퀴즈 점수가 얼마 나왔든 이번에 풀어본 내용이 우리와 함께 살아가는 생명체의 신비로움을 되새기는 계기가 되었기를 바랍니다. 지구의 친구는 다양한 곳에 수많은 종류가 있지만, 이 생명체들은 목소리를 내지 않으므로 우리가 책임지고 보호할 수밖에 없어요. 다른 종의 생존을 보장하는 일은 지구의 진짜 친구가 되는 일의 핵심 요소이며, 이번 단계가 그 여정의 토대가 되었으면 합니다. 우선 여기까지 온 것을 진심으로 축하합니다!

STAGE 4

▷ START

경이로운 숲의 네트워크로 들어가보자

"

나무가 어린 묘목에 당분을 공급할 수 있는 것도 균류 덕분이에요. 반대로 병들거나 죽어가는 나무는 네트워크에 먹이 자원을 잔뜩 공급해 근처의 다른 식물에 전달할 수 있어요.

"

나무 이야기로 시작해볼까요? 서유럽 등 일부 문화권에서는 가까운 과거에만 해도 누군가를 모욕할 때 '트리허거tree-hugger'라는 표현을 썼어요. 자연에 매달려 '실제 삶'과는 동떨어져 있으며 (완곡하게는) 목욕 좀 하라는 의미였지요. 그런데 생태주의의 심오한 관점으로 접근해보면 이는 모두 칭찬할 만한 특성이에요(목욕과 관련해서는 산업화 사회에서 샤워로 인한 물 낭비가 너무 많다는 점을 지적하고 넘어가야겠군요. 우리는 종종 샤워에 목욕보다 더 많은 물을 사용합니다).

더욱이 나무를 더 많이 알수록 두 팔 벌려 나무를 껴안지 않을 수 없답니다. 나무는 얼마나 대단한 생명체인지요! 나무와 가까이 지내며 친구가 되는 일은 정신 건강에도 아주 좋지요. 그러니 누군가 당신을 '트리허거'라고 부른다면 활짝 웃으며 "내가? 정말 고마워!"라고 대답해버리세요. 오늘날 지구에 살아가는 존재에게 그건 가장 큰 칭찬이니까.

기후 정책이나 녹색금융green finance의 건조한 표현을 가져오자면 나무는 엄청난 '생태적 기능'을 담당하고 있어 매우 '가치가 큽니다.' 이런 표현은 당신도 이미 알고 있을 나무의 이점을 드러내지요. 나무는 야생 동식물에게 보금자리가 되어주고 물을 거르면서 침식을 막아줍니다. 또한 나무의 기후 해결사 역할도 점점 부각되고 있는데, 바로 탄소를 빨아들이고 저장하는 역할이에요. 우리가 나무를 베어대지만 않는다면 이런 강점이 더욱 빛을 발하게 되겠지요. 하지만 나무에만 지나치게 의존한다면 이 또한 문제가 될 수밖에 없습니다.

알고 있나요?

지구 행성에는 약 3,000,000,000,000(3조)그루의 나무가 있어요. 인간 한 명당 420그루의 나무가 있는 셈이지요. 자기 몫의 420그루가 건강하게 잘 자라도록, 그리고 그 수가 배로 늘어나도록 책임 의식을 가져보면 어떨까요?

나무는 성장하면서 연간 무려 160억 톤의 이산화탄소를 흡수해 뿌리에 저장합니다. 쓰러지거나 죽으면 이산화탄소를 배출하지요(분해되면서 그동안 저장했던 이산화탄소를 대기로 돌려보내는 것입니다).[1] 그런데 화재, 질병, 여러 기상 이변으로 이미 너무도 많은 나무가 쓰러지거나 죽어가고 있습니다.

이 정도로도 충분하지 않나 싶겠지만 지구에는 지금보다 두 배는 더 많은 나무가 필요합니다. 그럼 나무를 심으면 되지 않느냐는 생각이 드나요? 그것도 중요하지만 성숙한 나무가 주는 유익이 더 크므로 이 또한 완전한 해결책은 아닙니다. 우리 행성을 안정시키고 건강하게 지키는 첫 번째 방법은 화석연료 태우는 일을 중단하는 것이죠. 그리고 살아 있는 나무, 특히 오래된 숲을 보존하는 것이에요.

알고 있나요?

다 큰 나무 한 그루는 연간 22킬로그램의 이산화탄소를 빨아들입니다. 한 해 동안 1,200여 평의 숲이 빨아들이는 이산화탄소량은 차 한 대가 연간 평균 내뿜는 이산화탄소량의 두 배에 달하지요.[2]

다시 한번 찬물을 끼얹게 되어 미안하지만 우리는 별로 잘 해내고 있지 못합니다. 가장 유명한 나무나 숲조차도 안전하지 못해요. 아마존 우림을 예로 들어봅시다. 모두가 잘 알고 중요하다고 생각하는 그 우림 말이죠. 2021년에 과학자들은 아마존 열대우림이 내뿜는 탄소의 양이 흡수하는 양보다 많다고 경고했어요. 소 방목과 콩 농사를 위해 숲이 베어지고 기후변화로 인해 고온 및 가뭄까지 겹치면서 아마존이 넘어선 안 될 임계치를 넘어섰고 탄소 저장소에서 탄소 배출소로 바뀌었다는 말이었지요. 불타는 숲은 본래 흡수 가능했던 양보다 세 배나 많은 이산화탄소를 배출합니다. 결론은 분명합니다. 숲을 베어내고 불태우는 일을 지금 당장 멈춰야 해요! 일부 지역에서는 숲이 파괴되는 속도가 점점 빨라지고 있으니, 이를 막으려는 국제적 노력도 함께 커져야겠죠. 이를 촉구하는 움직임이 날로 강해지고 있다는 점이 그나마 위안을 줍니다.

숲과 관련된 우리 지식도 함께 늘어나고 있어요. 초등학생 시절 저는 늘 나무를 한두 그루씩만 그리곤 했어요. 나무들이 함께 있는 숲을 그릴 수 있었다면 더욱 좋았을 텐데 말이죠. 그랬다면 나무들이 함께 연결되어 만드는 공동체, 더 큰 나무들의 세계를 상상할 수 있었을 테니까요.

연구자들은 숲이 우리 상상보다 훨씬 더 심오한 모습을 하고 있음을 밝혀냈어요. 나무의 뿌리 시스템뿐만 아니라 균류, 즉 곰팡이와

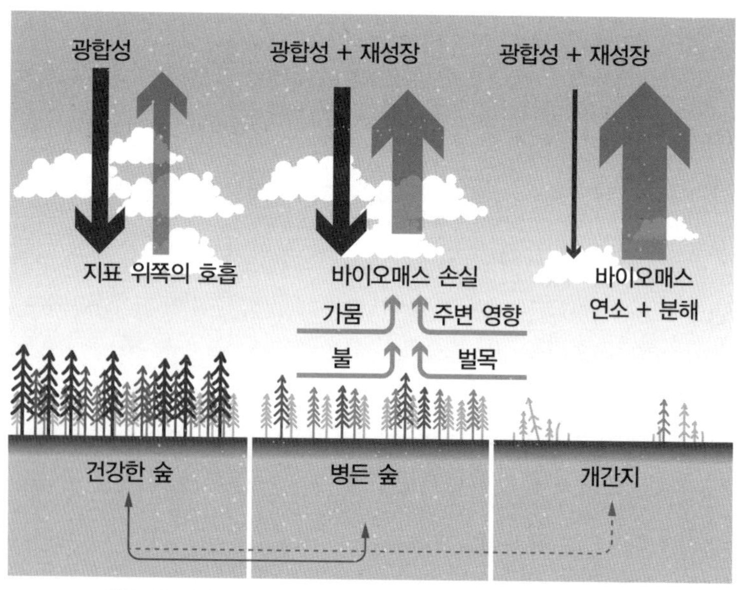

생물권을 가장 잘 유지하는 방법은 숲을 건강하게 보존하는 것이다.

버섯 체계까지도 놀라운 영향력을 발휘한다는 사실도 놓치지 말아야겠군요. 균류의 능력과 지면 아래에서 일어나는 복잡한 상호작용에 관해 우리는 이제 겨우 파악하기 시작한 상태에요.

균류는 우리 발밑에서 식물과 나무가 정보 및 영양분을 교환하는 네트워크를 매개하고 있어요. 이들은 숲의 탄소 저장 능력을 돕고 극대화합니다. 멋질 뿐 아니라 인류의 목숨과 관련된 중요한 일이지요. 앞으로 균류의 역할을 더 많이 발견할수록 점점 더 멋진 이야기가 만들어질 겁니다.

알고 있나요?

균류는 600만 종이 넘으며 그중 90%가 아직 제대로 파악되지 않은 상태랍니다(새로운 종을 수집해 분석하고 자연사학계의 공식 인정을 받아내는 과정이란 얼마나 복잡하고 어려운지요)!

균류 중에서도 특히 버섯은 플라스틱이나 축산 부산물 등 환경에 주는 부담이 큰 '나쁜' 물질을 대체하는 생분해성 저탄소 물질로서 점점 부각되고 있습니다. 소비재나 포장재, 더 나아가 건축과 공업 재료에까지 사용되고 있지요. 버섯은 우리가 필요로 하는 양만큼 자라날 수 있으니 더욱 매력적입니다. 지구의 생명을 온갖 놀라운 방식으로 지탱하고, 서로 소통하는 거대한 네트워크를 구축한 균류에 관해서는 앞으로 더욱 멋진 여러 발견이 나올 거예요.

현재까지 연구가 진행된 단계에서, 균류가 400년 넘게 자란 오래된 숲에서 가장 중요한 네트워크 일부가 발견되었어요. 하지만 이런 숲은 벌목과 자연 화재로 크나큰 위기에 처했습니다. 이런 숲을 잃어버린다면 균류, 그러니까 아직 그 중요한 역할이 온전히 알려지지도 않은 존재까지 함께 잃어버리게 될 거예요. 일어나서는 안 되는 일이기에 전문가들은 두 가지 점에서 분명한 합의를 이루었습니다. 첫 번째, '숲이 없다면 미래도 없다.' 그리고 두 번째, '우리 미래는 균류의 미래와 함께하는 모습이 되어야 한다'는 것이었지요.

자, 이제 레벨 테스트에 돌입해 몰랐던 부분을 확인할 준비가 되었나요? 퀴즈로 넘어가봅시다!

QUIZ

지구가 사랑했던 모든 나무들에게

: 산을 거닐며 버섯과 만나다

01. 정신이 번쩍 들게 할 수치부터 시작하자. 나무는 매년 몇 그루 정도 베어 질까?

A. 1조 그루

B 153억 그루

C. 77억 그루

D. 5억 그루

02. 다음 중 가장 많은 나무를 보유한 숲이 있는 나라는 어디일까?

A. 미국

B. 영국

C. 러시아

D. 브라질

03. 나무가 탄소를 빨아들이는 데 있어 가장 중요한 존재라는 점을 앞서 설명했다. 그렇다면 어떤 나무가 어떤 상황에서 가장 많은 탄소를 처리하는 것으로 밝혀졌을까?

A. 30만 평 넘는 지역에 모여 자란 소나무

B. 현재의 모습처럼 여러 종이 섞인 열대우림[3]

C. 도시 지역에 새로 심은 묘목 100종

D. 바다와 맞닿은 대규모 농장

34. 2005년 8월 29일 미국 걸프 지역에 태풍 카트리나가 상륙해 해안을 훑고 지나가며 3억 2000만 그루의 다 자란 나무에 심각한 피해를 입혔다. 이 사태로 대기 중에 방출된 탄소는 얼마나 될까?

A. 2019년 세계 항공 업계의 항공기 운항으로 배출된 탄소와 같은 양

B. 2005년 미국의 모든 나무가 빨아들인 탄소와 같은 양

C. 로켓 한 기가 발사될 때 배출되는 탄소와 같은 양

D. 경찰차 90만 대가 내뿜는 탄소와 같은 양

35. 나이테를 읽는 직업을 가진 사람을 무엇이라 부를까?

A. 전염병학자epidemiologist

B. 수목재배가arboriculturist

C. 연륜연대학자dendrochronologist

D. 시계학자horologist

36. 2019년 분석에 따르면 6초마다 축구 경기장 하나 크기의 원시 열대우림이 지구상에서 사라진다고 한다.[4] 열대우림 손실이 가장 큰 나라는 어디일까?

A. 볼리비아

B. 콩고

C. 브라질

D. 코스타리카

37. 저명한 학자의 나무 연구에 대한 질문이다. 2017년 중국계 미국인 기후학자 롱 푸Rong Fu는 아마존의 나무들이 어떤 역할을 한다고 말했을까?

A. 후세를 돌보는 역할

B. 지구의 허파 역할

C. 막대한 소통 역할

D. 자기만의 비구름을 만드는 역할

38. 또 다른 저명 학자인 캐나다의 생태학자 수잔 스마르Suzanne Simard가 아마존 우림의 최고령이자 최대 크기인 나무에 붙인 이름은 무엇일까?

A. 장군

B. 어머니 나무

C. 생존자 나무

D. 태양신 히페리온

39. 우리 발밑에서 균류가 만드는 나무와 다른 식물의 공생 네트워크를 무엇이라 부를까?

A. 우드와이드웹Wood Wide Web

B. 버섯 지하도

C. 균류 고속도로

D. 균류 잔디밭

40. 2021년 10월 파리의 군중 앞에서 '마일로 Mylo'가 공개되었다. 마일로는 무엇일까?

A. 내부재를 버섯으로 만든 최초의 전기 자동차

B. 균류를 사용해 탄화수소를 포집하는 방식으로 유출 기름을 제거하는 로봇

C. 유명 디자이너가 가방의 재료로 삼아, 패션쇼에 등장시킨 세계 최초의 버섯 가죽

D. 버섯과 폴리프로필렌으로 만들어진, 우주 로켓에서 사용할 정도로 강도가 높은 새로운 합성섬유

ANSWER

정답

31. 답: B

나무는 매년 153억 그루 정도 베어져 사라집니다.[5] 기상 이변이나 (기후변화와 관련된) 질병 등 나무를 위협하는 요소가 많지만, 인간이 휘두르는 도끼와 사슬톱이 여전히 가장 큰 위협입니다.

물론 우리 대부분도 간접적인 책임이 있어요. 바로 소비 습관이죠. 화장실 휴지부터 의류(점점 더 많은 의류섬유가 나무 펄프에서 추출됩니다)에 이르기까지 우리는 별것 아닌 듯 숲을 파괴하는 제품을 사용합니다. 하지만 실상을 제대로 파악하고 인증된 지속 가능 제품으로 전환하지 않는다면, 결국 숲 파괴라는 재앙에 재정 지원을 하는 셈이에요. 종잇장에 베이고 또 베이는 일이 반복되어 결국 죽음에 이른다고나 할까요.

32. 답: C

러시아는 세계 숲 면적의 5분의 1을 차지합니다. 나무 6420조 그루가[6] 1110억 세제곱미터의 숲에서[7] 자란다고 해요. 다음은 캐나다와 브라질 순이고 미국이 2240억 그루로 4위입니다.[8] 어디 있는 나무든 다 중요하지만 현재 열대우림이 가장 큰 관심을 받고 있습니다. 가장 풍부한 생물다양성을 나타내며 가장 많은 탄소를 가두어둔 곳이기 때문이지요. 환경운동가들이 브라질의 아마존에서 벌어지는 일에 과도하게 매달리는 듯 보일지 몰라도 실상 충분히 그럴 만한 이유가 있는 셈이에요.

제가 거주하는 영국에서도 셔우드 숲의 '메이저 오크The Major Oak'처럼 특별한 관심을 받는 나무가 있다고는 해도(로빈 후드와 부하들이 그 그늘 아래 쉬었다는 전설의 나무이지요) 숲 면적은 상대적으로 낮은 편이에요. 영토의 13.2%만이 나무로 우거져 있지요. 대부분의 숲은 북쪽 스코틀랜드에 있으므로 잉글랜드 지역으로만

보자면 10%로 수치는 더 낮아집니다. 이는 숲의 비중이 가장 낮다는 남수단보다도 못한 수치이지요.

33. 답: B

다양한 종이 공존하는 건강한 숲은 단일 종으로 조성된 숲보다 최대 두 배까지 탄소 처리량이 많습니다.[9] 이 때문에 '자연을 위한 글로벌 합의 Global Deal for Nature'(파리협정의 부속 협정)는 기존의 숲을 공식적으로 보호하고 관련 법규를 유지 및 강화할 것을 강조하기도 했습니다. 나무를 보호한다는 것은 선한 행동을 넘어서 옳은 행동이니까요. 나무를 껴안는 건 우리 생존을 보장하는, 현명해 마지않은 일이 분명합니다.

34. 답: B

2007년 툴레인대학교의 생태학자 제프 체임버스 Jeff Chambers가 발표한 연구에 따르면 카트리나로 인한 나무의 파괴로 이산화탄소가 1억 톤 가까이 발생했고 이는 미국 숲이 한 해 동안 처리한 탄소량과 같다고 해요.[10] 이것만 해도 충격적인데 여기서 끝이 아닙니다. 이렇게 나무가 사라지면 광합성할 나무가 드물어지기도 하거니와, 죽은 나무는 분해되면서 그때까지 저장해두었던 탄소를 배출합니다. 탄소 처리 역할이 탄소 배출 역할로 전환되면서 막대한 이산화탄소가 발생하는 것이지요. 다시 말해 나무를 쓰러뜨리는 태풍이 이산화태풍이 되어버린 셈입니다.

A를 답으로 선택한 사람에게는 2005년 한 해 동안 전 세계의 항공기에서 배출된 탄소가 8~9배나 많다는 점을 언급해두겠습니다.[11] C를 선택했다면 로켓 한 기를 발사할 때 300톤이라는 훨씬 적은 양의 탄소가 배출된다는 점을 기억해도 좋겠군요.[12] 하지만 그렇다고 로켓 발사 정도는 괜찮다고 생각해서도 안 됩니다! 이 정도도 감당하기 어려운 배출량임이 분명하니까요.

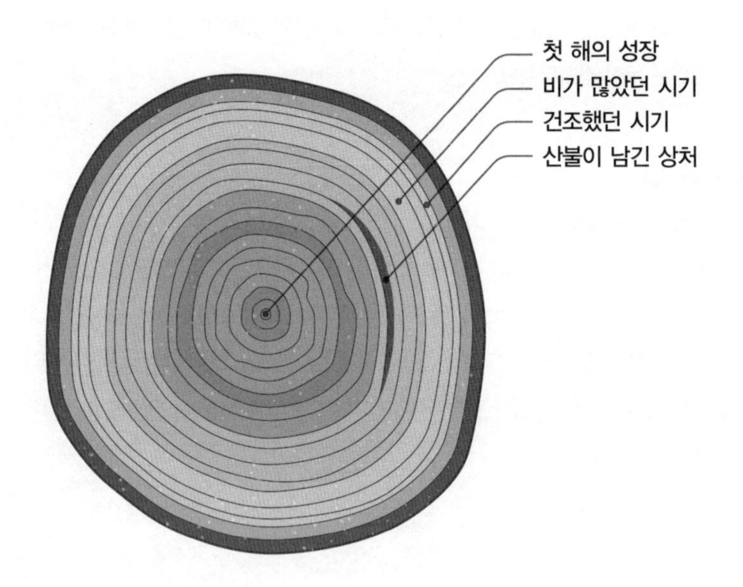

35. 답: C

답은 연륜연대학자로, 연륜연대학은 나이테를 추적하는 학문을 말해요. 나무의 일생은 나이테에 멋지게 새겨집니다. 선 하나하나가 나무가 당시 살아가던 지구 상태를 보여주는 스냅사진과 같아요. 날씨, 나무의 성장 정도, 당시의 화학적 특징 정보가 차곡차곡 쌓인 타임캡슐이라고도 볼 수 있겠어요. 과학이 발전함에 따라 우리는 나무가 어떻게 네트워크로 연결되는지 알게 되었고, 나무가 DNA에 메시지를 새기고 전달한다는 사실을 알 수 있었어요(수잔 스마르의 연구를 참고해도 좋습니다). 오랜 나무들은 메모리칩을 지닌 셈이지요. 이는 숲의 핵심 요소인 오래된 나무들을 보호해야 하는 또 다른 중요한 이유입니다.

36. 답: A

볼리비아는 2019년에 열대우림 1190만 헥타르(약 360억 평)가 사라진 것으로 나타나 사상 최고 수준으로 숲을 잃어버렸어요. 원시 열대우림이 생물다양성 유지에 가장 중요한 숲이라는 점을 생각하면 참으로 가슴 아픈 일이지요. 습지 열대우림 손실로는 브라질이 가장 큰 규모였지만 최대 감소라는 오명은 볼리비아에 돌아갔습니다. 전해와 비교해 숲의 손실이 80%나 늘었는데, 이를 두고 전문가들은 농경 확대를 독려하는 정부 정책 때문이었다고 지적합니다. 광범위한 개간과 화전이 있었고, 화재도 빈번했지요. 미국에서는 하루에 1억 2000만 평 넘는 우림이 파괴된다고 해요. 숲을 보호하겠다는 결단이 없다면 남은 우림이 40년도 안 되어 사라질 수 있다고 하니[13] 상상만 해도 끔찍하네요.

37. 답: D

롱 푸 교수의 연구를 보면 아마존의 나무들은 가벼운 비구름과 비를 만들 수 있다고 합니다. 인접 지역보다 아마존에서 우기가 2~3개월 먼저 시작되는 이유이기도 하지요. 증발 과정이 비구름을 생성하는데, 이 비구름이 바람의 유형을 바꿀 만큼 크게 순환하면서 바다보다 더 많은 수분을 모은다고 해요.[14] 이 구름은 다른 지역, 특히 브라질의 곡창 지대에 비를 내려줍니다.

푸 교수는 이후 연구에서 대기의 건조화가 어떻게 화재로 이어져 재앙을 유발하는지 밝혔습니다. 오늘날 여러 지역에서 이런 화재가 빈발하면서 탄소가 배출되고 야생 동식물이 파괴되고 있지요. 열대우림을 베어내 없애는 행동이 얼마나 어리석은지 다시금 느껴지지 않나요?

(A, B, C 역시 나무의 역할이 맞지 않느냐고 묻는다면 맞습니다. 다만 롱 푸 교수의 연구로 한정 짓자면, 답은 D에요.)

38. 답: B

답은 어머니 나무입니다. 수잔 스마르의 연구는 나무에 관한 우리 생각을 바꿔주었어요. 스마르는 가장 크고 오래된 어머니 나무를 두고 생태 시스템을 연결하는 접착제라고 말했어요. 넓게 펼쳐진 나뭇가지들이 생물다양성의 보고나 마찬가지일뿐만 아니라, 광합성을 하며 주변 생명체에 먹이를 공급한다는 뜻에서죠. 그는 어머니 나무가 기억과 지식을 지녀 숲이 손상에서 회복되도록 한다는 가설도 내놓았어요.[15] mothertreeproject.org에서 그의 '어머니 나무 프로젝트'를 더 알아볼 수 있습니다.

39. 답: A

우드와이드웹이라니, 멋진 이름 아닌가요? 우리는 균류가 지닌 어마어마한 잠재력에 관해 아직 모르는 것이 많아 더 많은 연구가 필요해요. 다만 방대한 균류 네트워크 덕분에 식물계와 균류가 서로 자원과 정보를 나눈다는 점은 흔히 알려져 있지요.
예를 들어, 나무가 어린 묘목에 당분을 공급할 수 있는 것도 균류 덕분이에요. 반대로 병들거나 죽어가는 나무는 네트워크에 먹이 자원을 잔뜩 공급해 근처의 다른 식물에 전달할 수 있어요. 우리 발밑에서는 무수히 많은 속삭임과 협상, 계획이 일어나고 있답니다. 위험이 닥쳤을 때 나무와 다른 식물들은 이 네트워크를 이용해 화학적 신호까지 전달할 수 있는 듯해요. 이 모든 것을 알고 나면 주말의 숲 산책이 예전처럼 평범하게 느껴지지 않을 거예요.

40. 답: C

마일로는 디자이너 스텔라 매카트니Stella McCartney의 2022 여름 콜렉션에 포함되어 2021년 10월, 파리 패션위크에 등장한 프레이미 마일로Frayme Mylo 백의 재료가 된 가죽 대체 버섯 재료에요. 마일로는 매카트니와 여러 해 긴밀히 협력해온 캘리포니아의 원료 회사 볼트 스레드Bolt Threads의 손에서 탄생했는데, 이 회사 연구진은 균사체, 물, 공기, 100% 재생에너지로 마일로를 만들었다고 합니다. 이런 혁신 기술은 재료과학 업계에 새 지평을 열었고, 아마존에 특히 파괴적이었던 동물 가죽 수요를 대체할 수 있을 겁니다. 화석연료를 원료로 플라스틱을 합성해 만드는 '비건' 가죽보다 오염이 훨씬 적다는 점도 중요합니다. 무엇보다 균사체는 무한히 재생 가능하니까요.[16]

자, 결과가 어땠나요? 어떻게 관련 지식을 높이고 이들을 보호해야 할지를 비롯해, 나무와 균류 네트워크와 관련된 신비로운 이야기들은 나중에 조금 더 다룰 겁니다. 균류 네트워크의 이야기는 생태학에서 가장 중요한 주제가 될 전망이고, 앞으로 계속 연구되면서 풍성해질 거예요. 균류 전문가는 다음 세대의 슈퍼스타로 등극할지도 몰라요! 하지만 일단 진정하고 또 다른 자연의 귀중한 친구, 우리 생물권의 또 다른 슈퍼스타를 만나러 가봅시다.

STAGE 5

▶ START

침입자들을 돌파하고 대양을 무사 횡단할 것

"

바다는 산호초, 해초와 다시마 군락, 해안 소택지, 맹그로브 등 여러 생태계를 통해 탄소를 처리합니다. 바다는 대기에 비해 50배나 많은 탄소를 가둘 수 있다고 추산되죠.

"

지금쯤 조금 으쓱한 기분을 느끼고 있을지도 모르겠네요. 여러 정보를 습득했고 지구 건강을 위해 어떻게 해야 할지 배웠으니 말이에요. 물론 지금까지의 성과를 부정할 생각은 없어요. 하지만 이제껏 만나본 자연의 영웅들, 즉 탄소를 처리하고 저장하며, 대기와 화학, 날씨 및 지구 여러 조건에 영향을 미치는 그들만이 결정적인 존재는 아닙니다.

영광은 바다에 돌아가야 마땅합니다. 지구가 제대로 작동하도록 하는 존재, 그 중요성을 수치화하기도 어려울 정도로 어마어마한 존재 말이죠. 우주에 바다 같은 것은 다시 없다고 말하는 이들도 많습니다. 하지만 인간은 바다에 마땅한 존경을 표하지 않았죠. 그저 가로질러 통과하거나 깊이 내려갈 공간, 어업과 채굴업 등으로 정복하고 착취할 대상이라 여겼을 뿐.

이는 옳지 않아요. 바다가 없다면 지구라는 행성에 생명체란 살 수 없으니까요. 바다에 손 내밀어 친해지지 않는다면, 지구와 진짜 친구가 되자는 이 책의 목표를 달성하기란 절대 불가능할 터입니다.

어느 바다를 말하는지 의문을 품는 독자가 있을지도 모르겠습니다. 실제로 개인 요트를 가진 누군가는 이의를 제기하기도 했죠. "지

알고 있나요?

바다는 인간 활동으로 배출된 이산화탄소의 최소 4분의 1을 처리해준답니다.[1] 해류가 만들어내는 그 엄청난 순환 체계(지구의 컨베이어벨트라고도 부르죠)는 생명체에 적합한 기온을 유지하고 세상의 산소 절반 이상을 생산하지요.[2]

구에는 다섯 개의 대양이 있지 않나요? 대서양, 태평양, 인도양, 북극해와 남극해 말입니다." 맞는 말이에요. 혹은 대서양과 태평양을 남과 북으로 나누어 총 일곱 대양이라 일컫기도 합니다. 하지만 저는 존경하는 해양학자의 말대로 이 모든 대양을 하나의 존재로 보고자 합니다. 대양은 대륙 사이를 연결하는 액체 다리라는 표현도 있지요. 이는 우리 지구가 기본적으로 물의 행성이라는 사실을 떠올리게 합니다.

존경해 마지않는 실비아 얼Sylvia Earl 박사는 《대양: 지구의 오디세이Ocean: A Global Odyssey》에서 나사의 과학자 크리스토퍼 맥케이Christopher McKay의 다음 말을 인용했지요. "외계인이 나와 연결되어 '안녕하십니까? 여기는 알파입니다. 당신이 어떤 곳에서 살고 있는지 알고 싶습니다.'[3]라고 묻는다면 나는 물을 기반으로 하는 곳이라고 대답하겠다. 지구 유기체는 다른 건 없어도 생존할 수 있다. 하지만 물은 절대적으로 필요하다. 그러니 그 점을 꼭 알려야 한다!"

바다는 지구의 70%를 덮고 있고 전체 물의 96.5%를 담고 있습니다. 우리가 하루의 96.5%를 바다에 관해 말하지도 고민하지도 않는 건 놀라운 일이죠. 그 대신 발아래 일어나는 일에만 관심을 쏟습니다. 대부분 시간을 땅에서 보내는 탓에 지구를 곧 땅과 동일시하기 쉽지만 그건 틀린 생각입니다!

알고 있나요?

바다는 인간이 일으킨 기후변화로 심각한 위기에 처했습니다. 세계 산호초 모니터링 프로젝트의 2020년 보고서[4]에 따르면 2009~2018년에 전 세계 산호의 14%가 죽었다고 하네요.

바다는 탄소를 처리해주는 중요한 역할을 할 뿐 아니라 기후와 지구의 화학 구성을 유지해줍니다. 이러한 바다의 역할을 우리는 최근에야 이해하기 시작했어요. 그러다 보니 진작부터 해야 했을 배려를 제대로 하지 못했죠. 바다는 산호초, 해초와 다시마 군락, 해안 소택지, 맹그로브 등 여러 생태계를 통해 탄소를 처리합니다. 바다는 대기에 비해 50배나 많은 탄소를 가둘 수 있다고 추산되죠.[5] 탄소 처리 능력으로 볼 때 A+++ 금메달감이지만, 반대로 바다의 체계가 손상

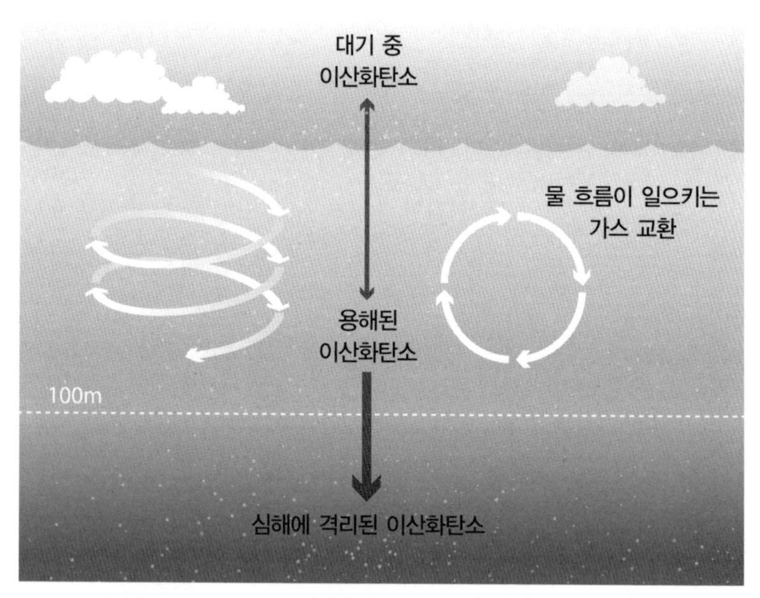

바다의 탄소 처리

된다면 막대한 탄소가 배출된다는 뜻이기도 합니다. 그런데도 바다가 지구 생명체의 생존에 얼마나 중요한 역할을 하는지에 대한 인식은 여전히 턱없이 부족하다는 것이 전문가들의 견해입니다.

유엔기후변화협약 당사국총회를 비롯한 기후 관련 협약이 기후 문제를 자연적으로 해결할 방법으로서 바다에 주목해 다루기 시작한 것은 극히 최근의 일입니다. 그전까지 해양학 전문가들은 대규모 회의 때마다 "바보야, 문제는 바다야"라고 혼자 중얼거릴 수밖에 없었죠. 그러니 이제 우리 모두 자리에서 일어나 바다에 마땅한 감사를 표해야 할 때입니다.

바다를 다른 눈으로 바라보기 시작하면 다른 결정을 내릴 수밖에 없습니다. 우리는 바다가 거대한 편의점이라도 되는 양 원하는 것은 무엇이든 뽑아내려 들었죠. 우리도 모르게 (저축과 연금으로) 자금을 지원한 바다 파괴 프로젝트부터 일상적으로 사들인 해산물에 이르기까지, 무심코 다양한 방법으로 바다를 쓰레기더미로 만들어왔다는 의미입니다.('해산물' 대신 '해양 생물'이라는 용어를 사용해보면 어떤가요? 생각이 전혀 달라지지 않나요?)

알고 있나요?

인간이 탐험하고 지도로 만든, 더 나아가 두 눈으로 본 바다는 전체의 20%도 채 되지 않는다고 합니다.[6]

지금 태도를 이대로 유지해서는 절대 안 됩니다. 땅에서 그랬듯 바다에서도 우리는 모두를 떠받치는 토대를 짓밟아 무너뜨리고 있습니다. 그 토대가 얼마나 굉장한지를 제대로 알지도 못하면서 말이죠. 하지만 다행히 이제 우리는 전보다 훨씬 많이 알게 되었습니다! 오늘날은 바다가 어떻게 기능하며 생명체를 유지하는지 혁신적 발견이 이어지는 시대죠. 심해까지 내려가는 잠수정 등 온갖 장비와 이공학 혁신 덕분에 연구 결과가 날로 더해지고요. 그럼에도 아직 충분하지 않습니다. 곧 충분해질까요? 그건 우리에게 달렸습니다. 대양에서 수백 킬로미터 떨어진 곳에서 지내고 있어 바다에 거의 관심을 두지 않고 살았다면, 지금이라도 바다를 위해 목소리를 내주세요. 늘 그렇듯 지금 무엇을 알고 있는지 무엇을 더 알아야 하는지 확인하는 데에서 출발해야겠죠? 깊은 바다에 대한 열 가지 퀴즈를 이제부터 풀어봅시다.

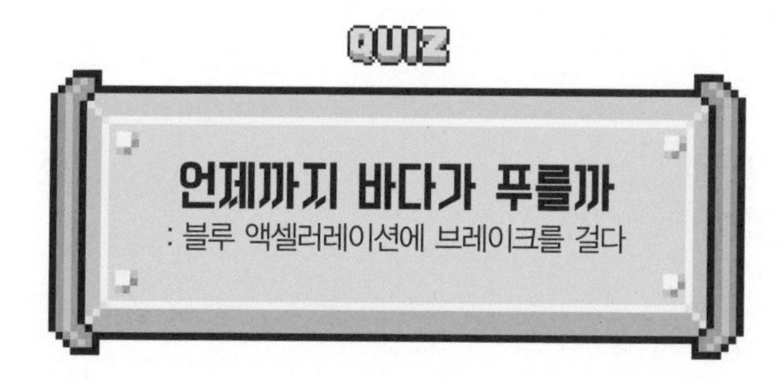

QUIZ

언제까지 바다가 푸를까
: 블루 액셀러레이션에 브레이크를 걸다

41. 2019년 《사이언스》지에 〈대양을 위한 새로운 이야기 A New Narrative for the Ocean**〉라는 글이 실렸다. 다음 중 그 글에서 가져온 인용문은 무엇일까?**

A. 대양은 망치기에 너무 크지도, 고치기에 너무 크지도 않다. 무시하기에 너무 클 뿐.

B. 대양에서 현재 일어나는 일은 생물학적 절멸이다.

C. 우리에게 대양의 바닥은 달의 뒷면만큼이나 중요하다.

D. 우리는 대양을 선조들로부터 물려받지 않았다. 자녀들로부터 빌려왔다.

42. 상업적 상어잡이를 금지하고 상어 보호구역을 만들며 지구에서 최초로 상어 보호에 나선 국가는 어디일까?

A. 몰디브

B. 호주

C. 인도네시아

D. 팔라우

43. 물고기와 해산물 4분의 1은 저인망 어선으로 잡아들인다. 매년 저인망 어선이 쓸어버리는 바다의 크기는 어느 정도일까?

A. 프랑스 영토

B. 아프리카 대륙

C. 아마존 열대우림

D. 남미

44. 인간이 대양에서 물고기만 잡는 것은 물론 아니다. 엄청난 양의 콘크리트용 모래나 자갈도 채취한다. 희귀 금속자원 확보 경쟁이 불붙으면서 수많은 광산회사들이 대양 바닥에 눈독을 들이고 있다. 대양의 자원을 확보하려는 열망을 점잖게 부르는 말은 무엇일까?

A. 블루 골드 러시 Blue Gold Rush

B. 블루 붐 Blue Boom

C. 글로벌 바다 쟁탈전

D. 블루 액셀러레이션 Blue Acceleration

45. 아름다운 대양을 약탈하고 있다는 불편한 지적을 받으면서도 오늘날 광산업계가 열광하는 해저의 바윗덩어리에는 어떤 이름이 붙여졌을까?

A. 오션 너깃 Ocean nuggets

B. 다금속단괴(혹은 망간단괴)

C. 상어 이빨 석탄

D. 희귀 해양 금속

46. 우리는 점점 더 다양한 방식으로 대양 착취에 반대한다는 입장을 표하고 있다. 2021년, 어업과 해산물 산업을 집중 조명한 다큐멘터리 영화가 제작되어 수백만 명이 관람하며 넷플릭스 상위권에 오른 적도 있었다. 이 영화의

제목은 무엇인가?

A. 피의 새우
B. 씨스피라시
C. 유령 고기잡이
D. 대양의 학살

47. 자, 이제 현상 파악은 끝났다. 대양은 심각한 위험에 처했다! 이제 어떻게 보호해야 할지 이야기해 보자. 유엔생물다양성협약 CBD 당사국총회는 2030년까지 대양의 몇 퍼센트를 보호구역으로 만들어야 한다고 주장했을까?

A. 3%
B. 30%
C. 90%
D. 50%

48. 2021년, 남태평양 타히티 해안에서 2마일이나 뻗어 있는 산호초가 발견되었다. 연구자들은 이 오염되지 않은 원시의 산호초에 어떤 이름을 붙였을까?

A. 물속 균류
B. 장미의 닮은꼴
C. 미니어처 선인장
D. 춤추는 수도승의 옷자락

49. 지구 표면에서 가장 깊은 지역은 바다 안에 존재한다. 다음 중 가장 깊은 곳은 어디일까?

A. 푸에르토리코 해구

B. 필리핀 해구

C. 마리아나 해구

D. 일본 해구

50. 80개 이상의 국가들에서 온 과학자 2,700명이 10년 동안 해양 탐사를 540회 수행한 끝에 2010년 최초의 '해양생물센서스'가 완성되었다. 이 센서스에 포함되지 않은 종은 다음 중 무엇일까?

A. 심해 해파리 marine deepjelly

B. 큰 덤보문어

C. 노란색 다공질 콰드리스 브라키스 Quadris braccis

D. 600살 넘은 관벌레

41. 답: A

"대양은 망치기에 너무 크지도, 고치기에 너무 크지도 않다. 무시하기에 너무 클 뿐"이라는 말은 모든 것을 다 담고 있는 듯해요. 저명한 해양생태학자인 제인 루브첸코Jane Lubchenco와 스티븐 D. 게인스Steven D. Gaines가 함께 쓴 이 글에는 더 이상의 대양 파괴를 중단하고 그 영향력을 깨달아 회복에 힘쓰자는 호소가 담겨 있어요. 대양을 유일한 단백질 원천으로 삼는 이들뿐 아니라 세계 전체를 향한 호소였어요. 이 글을 계기로 전 세계 여러 단체가 대양이 처한 위기에 목소리를 냈고, 여러 소규모 자발적 프로그램이 만들어졌습니다.

42. 답: D

태평양에 위치한 340여 개의 섬으로 이루어진 팔라우는 2009년, 자국의 배타적 경제수역에서 상업적 상어잡이를 일체 금지했어요.[7] 전 지구에서 상어 개체 수가 급감하고 있다는 사실은 공공연하게 알려져 있어요. 남획으로 상어와 가오리의 3분의 1이 위협받고 있습니다.[8] 팔라우의 시도는 성공을 거두어 얼마 지나지 않아 상어 관람 여행이 인기를 얻었고, 다이버들은 상어 개체 수가 증가했다고 보고했어요. 2015년 팔라우는 한 걸음 더 나아가 자국 수역의 80%를 보호지역no-take zone으로 지정하고 모든 어획과 광업을 금지했어요.[9] 불과 10년 만에 상어와 기타 해양 생물이 다섯 배까지 늘어났고, 우리는 이로써 바다의 회복력을 확인했습니다. 손 놓고 기다리는 건 아무 의미가 없어요! 뭘 망설이나요!

43. 답: C

답은 아마존 열대우림의 크기에요. 《네이처》지에 실린 연구에 따르면 저인망 어선이 쓸고 다니는 대양 바닥 면적은 500만 제곱킬로미터에 달한다고 해요.[10] 아마존 열대우림과 거의 비슷한 넓이지요.[11] 그래 봤자 전체 대양의 1.4%에 불과하다며 가볍게 여겨지곤 하고, 저인망 어선이 무거운 그물로 바닥을 죄다 긁어 끌어올리는 해악이 의도적으로 축소되기도 합니다. 이는 바다를 향한 우리 관심 혹은 존중의 부재를 그대로 드러냅니다. 원시림의 작은 생명체를 싹 잡아들이겠다며 불도저가 바닥을 쓸고 다닌다면 그대로 두고 보진 않겠죠. 어째서 바다에서는 이 상황을 용인하나요?

44. 답:

우리가 진입하고 있는 시기는 블루 액셀러레이션이라 불려요. 육상 자원은 채취가 제한되고 있지만 대양에까지 그런 관심이 확장되지는 않았어요.
바다 자원 채취는 최근의 일이 아니에요. 영국 탐사선 챌린저호가 해양 자원 조사를 위해 영국에서 출발한 해가 1872년이었지요. 물론 그 야망의 규모는 오늘날과 비교가 되지 않지만요. 현재 대양은 점점 더 많은 압박을 받고 있어요. 압박을 덜어야 마땅한데, 매우 걱정스러운 일이에요. 대양의 상태는 해양 보호 운동 확산 속도보다 훨씬 빠르게 악화되고 있어요.

45. 답:

다금속단괴는 석탄 덩어리와 비슷한 모습으로 묘사되지만 그보다 훨씬 흥미롭습니다. 이 단괴는 조개껍질이나 상어 이빨 같은 해저 물질 주변에 물속 금속 화합물이 흡수되어 100만 년에 1센티미터 정도씩 자라나 만들어집니다.[12] 현재 해저에는 수십억 톤에 달하는 다금속단괴가 있는 것으로 추정되고 여기에 니켈, 코발트, 망간 등 인류에게 가장 필요한 희귀 광물이 포함된다고 해요. 수많은 기업이 매달리는 이유가 바로 이것이지요.
긍정적인 측면을 보자면, 다금속단괴는 재생 가능 에너지로의 녹색 전환에 필요한 자원을 제공해줍니다(결국 어디에선가는 이런 자원이 나와야 하니까요). 하지만

이를 위해 치러야 하는 대가가 문제에요. 생물학자와 해양학자들은 해저 단괴 채취에 로봇 불도저를 도입하는 것에 심각한 우려를 표합니다. 취약한 생태계를 한층 더 파괴할 위험이 있기 때문이지요.

46. 답: B

아마 무난히 답을 맞혔을 것 같네요. 알리Ali와 루시 타브리지Lucy Tabrizi가 만든 이 영화는 전 세계 어업이 대양 전체에 쉴 새 없이 가하는 피해를 조명했어요. 물론 비판하는 목소리도 있었어요. 일부 NGO 단체는 정확성에 의문을 제기했고, 특히 지속 가능 어업에 동조하지 않았다는 점에 반발했습니다. 하지만 지지하는 이들의 수가 훨씬 많았고, 과학적 정확성보다는 바다가 당면한 위기를 부각했다는 점에서 영화는 높은 점수를 받았어요. 대양을 식량 저장고 정도로 인식하는 우리 관행이 지구 행성에 점점 더 큰 부담을 가해온 위기를 적시한 것이죠.

'피의 새우'는 이 영화가 새우 어획 산업에 붙인 명칭이에요. 노예나 다름없는 노동량과 생태 파괴를 바탕으로 이루어지는 산업을 비판한 말이죠.

47. 답: B

답이 3%라면 아마 저는 지구 행성을 위해 뛰는 일을 그만두고 말았을 거예요. 현재 우리가 보호하고 있는 지역이 그 정도입니다.

답은 30%입니다. 2030년까지 대양의 30%를 보호수역으로 만들자는 과감한 캠페인으로 '#30×30'이라는 해시태그가 쓰이기도 했지요. 30%가 썩 과감해 보이지 않는다면 보호하려는 지역이 이 목표의 핵심임을 짚고 넘어가야겠군요. 해양보호구역이 효과적이고, 어업과 광업 등 모든 인간 활동을 금지하면 야생 생태계가 회복된다는 점은 모두가 압니다. 하지만 지금까지는 해안 근처만 보호구역으로 지정되었어요. 이러한 조치가 가장 필요한 곳은 공해high sea인데 말이에요. 공해는 해안에서 멀리 떨어져 있어 감시가 어렵겠지만, 생물다양성이 가장 뛰어난 곳입니다. 따라서 우리의 목표는 최초로 공해가 해양보호구역으로 지정되도록 하는 거예요.

48. 답: B

타히티 해안의 산호초는 '장미와 닮은꼴'로 표현되었어요. 여러 문화권에서 사랑, 아름다움, 밸런타인데이 등과 연결되는 그 장미꽃이 맞아요.[13] 물론 자연을 사랑하는 여러분은 장미 열두 송이보다 '원시' 그대로의 산호초 발견을 더 환영하고 있겠죠? 이 산호초 발견이 더욱 특별했던 이유는, 전 세계적으로 과도한 어업과 오염으로 산호초가 급감하고 있기 때문이에요. 예민한 산호는 기후변화에도 위해를 입어 따뜻한 물속에서 색이 바래졌어요. 2019년 새로이 산호초를 발견한 학자들은 이들이 남태평양 대부분 지역을 휩쓴 산호초 백화 현상에 피해를 입지 않은 모습에 특히 찬사를 보냈어요. 이제 산호초를 그대로 보전하는 것이 우리의 과제로 남았습니다.

49. 답: C

바닷속 가장 깊은 곳은 태평양 마리아나 해구에 있는 챌린저 해연이에요. 이 곳의 깊이는 지표면 아래 1만 1,100미터로 추정되고, 이는 에베레스트의 높이보다 2,000미터나 깊은 수치랍니다.[14] 이렇게 깊으니 아무 생명체도 살지 못하는 불모지이리라 생각되었지만, 해저로 내려가 사진과 영상을 찍을 수 있는 잠수 장비 덕분에 그 생각이 깨어졌어요. 마리아나 해구 안에서 납작한 물고기, 거대한 새우, 대형 갑각류에 꼼치까지 발견된 것이죠. 애석하게도 플라스틱 봉투까지 발견되면서, 플라스틱이 지구 어디에나 침투해 있다는 점도 알려졌답니다.[15]

50. 답: C

이 답은 제가 애니메이션 〈네모 바지 스폰지밥〉의 등장인물을 우스꽝스럽게 바꿔본 말이에요. '노란색'과 '다공질'은 스폰지밥의 특징이고 뒤에 붙인 라틴어는 '네모 바지'라는 뜻이랍니다. 태평양 바닷속에 산다고 알려진 스폰지밥은 물론 해양생물센서스에 올라 있지 않겠죠. 이 센서스는 6,000여 개의 새로운 종을 담았다고 해요. 산소 없이 살아가는 최초의 동물도 실려 있지요. 도감 작성 프로젝트를 통해 대양이 우리 상상보다 훨씬 더 풍요롭고 왕성하게 상호작용한다는 사실이 드러났어요. 뮤지컬 〈해밀턴〉의 가사를 인용하자면, 우리가 지금 이 시대에 살고 있다는 것이 얼마나 행운인지 몰라요. 파괴와 위협에 마음이 괴롭긴 하지만, 바다를 바라보고 대하는 방식을 바꿔야 한다는 증거와 자극 또한 충분한 시대이기 때문이지요. 꽤나 흥미진진하지 않나요?

지구의 진짜 친구가 되기 위한 여정의 절반에 도달했네요! 지구를 알아가면서 자연을 향한 호기심과 경외감도 생겨났기를 바랍니다. 열정이 살짝 식었다고 느낄 때면 자연 다큐멘터리를 보거나 기후 문제를 다루는 책을 읽어봐도 좋겠군요(책 마지막에 관련된 제안이 몇 가지 더 나올 거예요).

마음을 새로이 하고 다시 여정을 떠나봅시다. 이제 새로운 영역으로 들어가 인간이 지구에 끼치는 영향력을 보다 깊이 이해하고 우리 행동을 돌이켜보려고 해요. 목표는 전과 동일합니다. 우리 지구에게 조금 더 잘해주는 것이죠! 이제 출발하겠습니다.

STAGE 6

▷ START

컨슈머리즘 탈출 대모험

방글라데시와 인도의 의류 생산 지역 마을을 예로 들어보겠습니다. 그곳에 가면 '부자' 나라에서 어떤 색이 유행인지 굳이 물어볼 필요가 없어요. 염색 공장 앞을 흐르는 강물이 바로 그 색으로 물들어 있기 때문이지요.

이번 단계에서 아마 많은 분이 당혹감을 느낄지 몰라요. 지구 행성이 짓는 어이없다는 표정이 도전적으로 다가올 수도 있고요. 산업화 국가에 사는 우리는 물건을 아주 많이 소유하는데, 그중 상당수가 정당화되기 어렵습니다. 소비를 개선하고자 최선을 다해 노력한 저마저도 여전히 가진 물건이 많으니, 말 다 했죠.

아마 지금쯤 지구는 대체 인간에게 이 모든 소비가 왜 필요한지 의문을 가질 것 같네요. 우리는 해저를 긁어 자갈을 채취하고 사바나 대초원에서 모래를 모읍니다. 모든 생물군계에 예외 없이 말이죠. 만족하고 중단하는 일도 없어요. 안타깝게도 종착지는 대부분 오염이었지요. 여기서 기억해야 할 점은 우리가 가진 모든 것에 '발자국'이 존재한다는 사실이에요. 이 발자국은 재화나 서비스를 생산하는 데 들어가는 에너지와 자원을 의미합니다(이를 '내재에너지'라고도 부르지요).

우리는 물건이 생산·사용·폐기될 때 온실가스가 발생한다는 사실에 경각심을 가져야 해요. 덧붙이자면, 모든 물건이 '숨겨진' 자원 소모를 동반합니다. 재료 산출과 처리에서 발생하는 폐기물은 우리 눈에 보이지 않습니다. 생산지가 수천 마일 떨어진 곳에 있다면 폐기물도 머나먼 곳에 버려지지요. 광석, 잡석, 희귀 자원, 물, 유독 화학물질, 흙 등 많은 것이 폐기됩니다. 우리는 이 상황을 보지 못하지만 지구 행성은 예민하게 느끼겠지요.

지구에 가장 해로운 것이 무엇이냐는 질문을 던져보면 흔히들 '과잉 인구'라고 답하며 아이를 너무 많이 낳아 행성에 부담을 주는 개발도상국을 원인으로 대곤 하더군요. 하지만 그렇지 않습니다. 탄소배출 위기의 주원인은 부유한 나라에 팽배한 무한 소비주의라는 분석이 나왔어요. 아무 생각 없이 무언가를 구입할 때마다 이미 활활 타오르는 불길에 연료를 들이붓는 셈입니다. 우리가 사는 건물과 이용하는 교통수단부터 사들이는 옷과 장난감에 이르기까지 모두 마찬가지이지요. 우리가 배출하는 온실가스의 무려 70%가 물건을 생산하고 사용하는 데에서 나온다고 합니다.[1]

알고 있나요?

인간은 매년 지구의 지표면에서 1000억 톤의 자원을 뽑아내어 물건을 만듭니다.

물론 일부의 인간이 상대적으로 더 많은 문제를 일으킵니다. 똑같이 지구에 살면서 음식에서 충분한 칼로리를 얻지 못하고 전기나 기본적 위생 설비 없이 살아가는 '평균 이하의 소비자'도 많아요. 우리가 버린 쓰레기 더미에서 사는 사람도 많고요. 이런 상황은 이들이 스스로 필요한 물건을 만들어내 지속 가능한 삶을 영위할 기회를 빼앗습니다. 이 만성적 불평등(불공정)은 참으로 해결하기 어려워 보이는 게 사실이에요. 그래서 논의조차 하기 싫어하는 이들도 있지요. 하지만 지구는 논의해주길 기대할 겁니다. 어려운 대화임이 분명하지만요.

소비주의 성향이 극대화된 나라에 사는 우리는 '물건'에 관해 참으로 기이한 습관과 시각을 만들어냈습니다. 한동안 저는 이 과소비 상황을 추적하고자 방글라데시에서 중국, 브라질 아마존 생물군계에 이르기까지 세계 전역을 돌아다니며 우리가 책임져야 할 비용을 누가 물고 있는지 찾아내려 애썼습니다. 지구, 그리고 가장 가난한 지구 시민들이 계속해서 청구서를 받고 있다는 사실은 아마 여러분도 짐작했을 거예요. 소비를 주제로 한 인터뷰에서 저는 참가자들의 (허락을 얻고) 쓰레기통과 옷장을 확인했으며 지구를 위해 어떻게 해야 할지 논의해왔습니다.

여러 해 동안 수많은 쓰레기통과 옷장을 살펴본 경험을 바탕으로 저는 분명히 말할 수 있어요. '부유한' 국가, 혹은 소비주의 국가에 사는 우리는 점점 더 물건에 기묘하게 집착하고 있다고. 우리는 전보다 정신 나간 의사결정을 더 많이 내리고 그 어느 때보다도 빠르게 구매를 결정하며 자신의 나쁜 선택을 정당화하려고 정신 승리를 합니다. 블랙 프라이데이 등 소비 광풍을 일으키는 요소들도 큰 문제예요.

최근 저는 한 라디오 방송에서 '조시'라는 멋진 청년을 인터뷰했습니다. 그는 자신의 '패션 습관'을 열심히 설명하더군요. 5주에 한 번씩 입던 청바지와 운동화를 모두 버리고 새것으로 바꾼다는 말을 듣고 깜짝 놀랐어요. 청년은 이를 두고 전략적 옷장 운영이라 말하더군요. 옷이 딱 맞아야 하는데 5주가 지나면 늘어나고 솔기가 해어진다나요. 한 청취자는 "아니, 이 청년은 바늘과 실의 존재를 아예 모르는 걸까요?"라고 묻는 이메일을 보내오기도 했어요. 하지만 청취자의 반응이야 어떻든 청년 또래에서는 이러한 행동이 기이하게 여겨지지 않는다고 합니다. '지구에 나쁘다'는 점은 인정한다고 해도 말이에요.

더 심한 이야기도 있습니다. 신문을 뒤적이다가(종이 신문이 구식이라는 건 저도 압니다!) 접한 참으로 괴상한 소식이었지요. 소셜미디어 인플루언서라는 어느 모델이 잔뜩 골 난 표정으로 반짝이는 새 차에 앉은 사진에, 그가 1억 파운드나 하는 포르쉐에 겨우 18파운드짜리 점프슈트를 입고 탔다는 설명이 덧붙여져 있었어요.[2] 온라인에서 구입한 싸구려 옷의 염료가 순백의 가죽 시트에 묻기라도 하면 값비싼 차가 망가질 텐데, 걱정된다는 얘기였지요. 맙소사! 정말 어이가 없더군요.

그 모델의 생각 따위는 상관없다고 여기나요? 문제는 오늘날 우리가 정신없이 소비해댄 탓에 물건이 어디서 왔는지, 제작 비용은 어떻게 되는지 전혀 생각하지 않게 되었다는 점이에요. 직접 피해를 입지 않는 한 무엇을 그 물건과 맞바꾸었는지 까맣게 모르고 넘어가게 되죠.

패스트패션의 공급망 아래쪽으로 내려가다 보면 염색 공장을 만나게 됩니다. 염색 산업의 표준 품질이나 관리 감독은 계속 느슨해지는 중이에요. 20년 전만 해도 각 패션 브랜드는 고정 거래처에 염색을 맡겼고 엄격한 품질 기준을 요구했어요. 하지만 한없이 하락하는 가격에 맞춰 대량 생산 체제가 자리 잡으면서 모든 것이 바뀌었습니다.

제가 10년 전에 찾아갔던 방글라데시와 인도의 의류 생산 지역 마을을 예로 들어보겠습니다. 그곳에 가면 '부자' 나라에서 어떤 색이 유행인지 굳이 물어볼 필요가 없어요. 염색 공장 앞을 흐르는 강물이 바로 그 색으로 물들어 있기 때문이지요. 당시에는 선홍색이었습니다. 저에겐 강물 색깔이 호화로운 고급 차의 시트보다 훨씬 더 중요합니다.

알다시피 오늘날 우리는 생물권의 재생 능력을 훨씬 넘어서는 양의 자원을 써댑니다. 신용카드 과다 사용과 비유하면 딱 맞겠군요. 두 경우 모두 증폭 효과가 발생하기 때문이에요. 아주 소액이라도 갚지 못하면 카드빚은 계속 늘어납니다. 우리가 지구를 대하는 방식도 이와 같습니다. 친구를 대하는 방식이라고는 볼 수 없어요. 우리가 이렇게 행동하는 이유는 복잡한 동시에 아주 단순합니다. 과다 소비를 위한 과다 생산 체계에 갇혀 있기 때문이에요. 이를 해결하려면 어떤 일이 벌어지고 있는지, 이처럼 많은 소비를 유발하는 요인이 무엇인지 알아야 해요. 여기서 인간의 신체 중 가장 신비로운 존재인 두뇌가 등장합니다.

알고 있나요?

인간의 화장실 휴지를 만드는 데 매일 베어지는 나무가 무려 2만 7,000 그루에 달한답니다!

뇌과학자들은 쇼핑할 때 우리의 마음 상태를 알아보고자 두뇌의 움직임을 추적했습니다. 2007년 MIT, 스탠퍼드, 카네기멜런대학교 소속 학자들이 의류 구매자들의 두뇌 활동을 스캔하자[3] 두뇌의 한 부분은 새로운 물건을 획득하면서 자극받아 흥분하는 반면 다른 부분은 구매 비용의 고통을 달래고 처리한다는 모순이 발견되었어요. 또한 우리가 의류를 구입하면서 얻는 즐거움은 무언가를 원한다는 '느낌'에서 온다는 사실도 알게 되었습니다(소유하거나 입는 것에서 오지 않고요).

과다 소비의 뿌리는 역사가 깊습니다. 과다 소비 욕구를 충족하고자 지구 곳곳으로 물건을 옮기는 방식의 토대가 만들어졌어요. 인류의 무역로는 노예제, 식민주의, 화석연료를 바탕으로 구축되었지요.

2021년, 에버기븐이라는 거대한 컨테이너 화물선이 수에즈 운하를 가로막아 버리자 세계 무역로가 한 주 이상 막혀버리는 일이 발생했습니다. 일반 대중이 전 지구적 선박 운송의 엄청난 규모를 체험한 드문 사건이었지요. 평소에는 보이지 않던 것이라도 문제가 발생하면 실감하게 되니 말이죠.

수에즈 운하가 개통되던 1896년으로 한번 돌아가봅시다. 그 순간부터 우리는 화석연료에 국제 교역의 미래를 맡겨버렸어요. 수에즈 운하는 북쪽에서 남쪽으로 뚫린 길이지만, 바람은 서쪽에서 동쪽으로 붑니다. 이런 상황 때문에 당시 모자 재료인 실크나 목걸이용 거

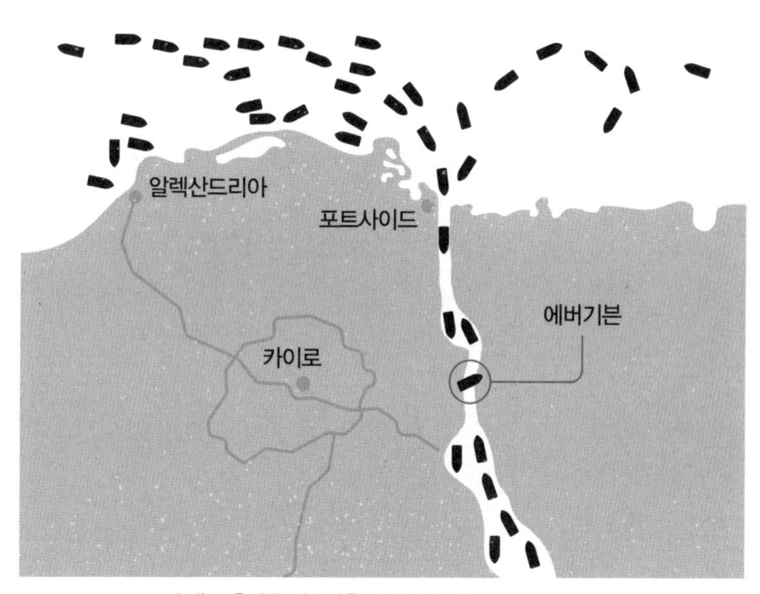

수에즈 운하를 가로막은 컨테이너 화물선 에버기븐호

북 등껍질을 운송하던 범선은 운하를 통과할 수 없었어요(범선은 바람의 도움을 받아 운항되니까요). 이를 대신해 석탄증기선이 늘어났고 항구는 석탄 저장고를 갖춰놓고 배에 석탄을 공급했습니다. 이때 형성된 국제 교역의 모습이 현재까지 이어지고 있는 셈이지요.

패스트패션의 시작도 '스피닝 제니'라는 기계가 개발된 18세기로 거슬러 올라가야 합니다. 이 기계 덕분에 면사 생산 속도가 높아져 최초의 기성복이 등장했거든요. 19세기 중반 런던 신사들이 신문사에 보낸 편지를 보면 하녀들이 과도한 소비에 정신이 팔려 월급을 새 옷 사는 데 탕진한다고 한탄하는 내용이 나옵니다(늘 그렇듯 여성은 파멸의 길을 가고야 마는 한심한 존재로 그려졌군요).

어째서 지금과 같은 상황이 빚어졌는지 따지기보다는 앞으로 무엇을 해야 할지에 집중해볼까요? 아름다운 지구의 고통이 인간의 소비 때문이라는 증거와 정보가 다 제시된 상황이니, 소비를 줄이고 습관을 바꾸려는 도전에 나서야 하지 않겠어요?(멋진 방법들이 궁금하다면 8단계를 확인하시길!) 우선 마음가짐과 습관의 변화가 우리에게 얼마나 유익할지부터 생각해봅시다. 물건을 더 많이 소유하고 쌓아두는 생활은 실상 퍽 피곤하죠. 곤도 마리에近藤 麻理恵 같은 정리의 달인이 어디선가 튀어나와 도와주지 않는다면 쓸데없는 물건을 정리하는 데 많은 시간을 써야 할 수밖에요. 아주 작은 집에서 딱 필요한 물건만 지니고 살면서 소유보다 경험에 가치를 두는 새로운 생활방식이 등장한 것도 놀라운 일이 아니에요.

이런 새로운 방향을 지향하면 할수록 지구, 그리고 우리 정신 건강 모두가 더 좋아질 테죠. 지구가 받는 부담도 훨씬 줄어들 테고요. 더 진정하고 공정한 삶, 남들이 만든 탄소 빚을 전달받는 대신 자신의 몫만큼 공정하게 소비하는 삶을 살게 되는 겁니다. 새로운 전환을 위한 전략을 짜기에 앞서 우리의 거대한 소비 규모와 영향을 먼저 파악해보도록 합시다. 탄소를 발생시키는 소비에 대한 질문 열 개가 준비되어 있습니다.

QUIZ

소비주의를 권장하는 기묘 사회

: 과다 소비를 무찌르자!

51. 앞서 언급했듯 우리가 소유하고 사용하는 물건은 온실가스를 배출한다. 소비는 전체 온실가스 배출에서 몇 퍼센트를 차지할까?

A. 10%. 석유와 가스 산업에 비하면 사소한 수준이다.

B. 90%. 생산하고 사용하고 버리는 물건이 온실가스 배출의 주범이다.

C. 60%. 세계 물 사용의 80%도 우리가 소비하는 물건에 들어간다.

D. 이런 식으로는 계산할 수 없다. 탄소중립을 목표로 삼은 나라들이 많은데, 계산에 고려되지 않았기 때문이다.

52. 매년 전 세계에서 (재활용되지 않은) '신규 자원'으로 생산되는 신품 의류는 몇 장이나 될까?

A. 1000억 장 이상

B. 80억 장. 세계 인구 한 명당 한 장씩이다.

C. 3조 장

D. 1억 장

53. 이번에는 신발이다. 연간 전 세계에서 신발은 몇 켤레나 만들어질까?

A. 1000억 켤레

B. 300만 켤레

C. 242억 켤레

D. 110억 켤레

54. **패션 소비주의**consumerism**를 이끄는 소비 문화를 살짝 들여다보자. 소셜 미디어 콘텐츠 중 패스트패션 업체에서 대량 구매한 옷가지를 자랑하는 영상을 무엇이라 부르는가?**

A. 패션하울fashion haul

B. 스타일대시style dash

C. 부지틱톡bouji TikTok

D. 바겐팔리bargain parlay

55. **무엇이 말이 되고 말이 안 되는지 구분하기 어렵겠지만 다음 중 사실이 아닌 것은 무엇일까?**

A. 샤니아 트웨인Shania Twain의 앨범 〈컴 온 오버〉는 지구에 있는 나무의 수보다 두 배나 많이 팔렸다.

B. 이제 레고 인형의 수가 실제 사람 수를 넘어섰다. 2015년에 덴마크의 레고 제조회사에서는 3.9초마다 레고 인물이 하나씩 생산되었다.

C. 지금 이 순간에도 전 세계에서 6,000척 넘는 컨테이너 화물선이 물건을 실어 나르고 있다. 세계해운협의회WSC에 따르면 매년 바다에서 유실되는 컨테이너가 1,382개나 된다.

D. 2006~2018년, 세계적인 할인 행사인 블랙 프라이데이의 소란 속에서 쇼핑객 11명이 사망하고 109명이 중상을 입었다.

56. 400미터 길이의 컨테이너 화물선 에버기븐호가 2021년 수에즈 운하를 가로막은 사건이 있었다. 운송 산업이 하루에 소모하는 벙커유는 몇 배럴이나 될까?

A. 3만 배럴. 수소로 대체되는 비율이 늘어나 5년 전보다 줄었다.
B. 7만 척 운행에 필요한 550만 배럴
C. 전 세계 화물선 운행에 필요한 10억 배럴
D. 1만 배럴. 나머지는 에탄올로 운행된다.

57. 어떤 물질은 다른 것보다 더 많은 특징을 지닌다. "다이아몬드는 영원히"라는 말을 들어보았을 것이다. 1940년대에 드비어스라는 다이아몬드 회사가 내놓은 홍보 문구다. 다이아몬드는 지상에서 가장 단단한 물질이고 그 표면에 흠집을 낼 수 있는 것은 다이아몬드뿐이다. 다음 중 다이아몬드의 단단함을 측정하는 방법은 무엇일까?

A. 마틴데일 테스트Martindale test
B. 킴벌리 프로세스Kimberley process
C. 텅스텐 테스트Tungsten test
D. 모스 경도Mohs scale

58. 2019년 9월, 온라인 판매업체 아마존은 최초로 자사의 탄소발자국을 공개했다. 2018년 한 해 동안 회사의 활동으로 유조선 60만 척 분량에 해당하는 탄소를 배출했다는(이산화탄소 4440만 톤에 해당하는 양이다)[4] 것이다. 이어 아마존의 CEO 제프 베조스가 기후변화에 대응하기 위한 베조스 지구 펀드 100조 달러를 조성했다. 이와 관련해 "전 세계 사람들은 알고 싶어 한다. 아마존은 석유와 가스 기업들이 더 많은 자원을 채굴하도록 돕는 행위를

언제 중단할 텐가? 비영리자유주의연구소Competitive Enterprise Institute 같은 반환경적 싱크탱크와 기후 문제 해결을 지연시키는 정책에 자금 지원을 언제 끊을 것인가?"라고 말한 사람은 누구인가?[5]

A. 미래를위한금요일(지구 동맹 휴교 운동)

B. 아마존 직원들

C. 벳 미들러Bette Midler

D. 에린 브로코비치Erin Brockovich

59. 다음 전자기기 중 무엇이 탄소를 가장 많이 배출할까?

A. 냉장고

B. 플라즈마 스크린 TV

C. 스마트폰

D. 전기 주전자

60. 지구상 가장 과시적인 소비를 기록으로 남기는 것으로 유명한 미국의 다큐멘터리 영화감독 로런 그린필드Lauren Greenfield는 아메리칸 드림의 '위험한 버전'을 제시했다. 열심히 일해 달성 가능한 목표를 꿈꾸기보다 자기 방임, 유명세, 나르시시즘으로 특징지어지는 환상적 모습을 추구하는 이 현상에 감독은 어떤 이름을 붙였을까?

A. 베르사유 효과

B. 카다시안 효과

C. 스키마 왜곡 증후군

D. 풍요의 세대 신드롬

ANSWER

정 답

51. 답: C

《산업생태학저널Journal of Industrial Ecology》에 따르면 전체 온실가스 배출 가운데 60%를 소비자가 차지합니다. 일부 탄소제로 목표 국가(영국 포함)가 이 60%에 들어가지 않는다는 것도 사실이에요. 소비재 생산이 대부분 개발도상국에서 이루어져 그곳에서 탄소가 배출되기 때문이지요. 이런 상황이 공정해 보이나요?

52. 답: A

매년 1000억 장 이상 생산되고[6] 계속 늘어나는 추세에요. 2050년이 되면 티셔츠 5000억 장이 여기 더해질 것이라고 해요. 지금도 세계 의류 산업 생산물의 20%가 팔리지 않아 불태워지거나 잘게 찢겨 처리된다는 걸 고려하면 오싹한 일이 아닐 수 없어요. 낭비도 이런 낭비가 없어요! 3조를 선택했다면 세계 패션 산업의 전체 가치가 3조 달러 정도라는 설명을 덧붙여도 좋겠네요.

53. 답: C

총 242억 켤레로[7] 지구인 한 명당 세 켤레씩 돌아가는 양이에요. 물론 이렇게 공평하게 나눠지지는 않죠. 미국에서는 2018년에 한 사람이 평균 일곱 켤레씩 새 신발을 사들였다고 합니다. 당신의 신발을 떠올려보세요. 무엇으로 만들어졌나요? 가죽으로만 만든 전통적인 구두나 재생 타이어로 만든 '윤리적' 샌들이 아니라면 아마도 서로 다른 여러 재료를 이어붙이거나 꿰매 만든 신발일 거예요. 운동화를 주로 신는다면 플라스틱 섬유가 많이 포함되어 있겠고요. 이렇게 다양한 재료로 만들어진 신발은 쉽게 분리되지 않기 때문에 재활용이 어려워요. 이런 신발이 너무 많은 것도 문제지요.

54. 답: A

패션하울은 침실에 카메라를 설치하고 구입한 옷들을 보여주며 신나서 설명한 다음, 쇼핑 앱 다운로드를 안내하는 콘텐츠를 말합니다. 지속 불가능 소비를 부추기는 이러한 소셜미디어에 반대하는 움직임도 전 세계적으로 일어나는 중이에요. 지속 가능한 구매 사례를 보여주거나 의류의 수명 연장 방법을 소개하는 등의 캠페인이죠.

55. 답: A

샤니아 트웨인의 앨범 이야기가 사실이 아닙니다. 트웨인의 1997년 앨범은 실제로 많이 팔렸고 지금까지 탑10 목록에 올라 있지만, 그렇다 해도 지구의 나무 3조 그루와는 비교할 수 없어요(3조 그루로 충분하다는 건 아닙니다! 우리에겐 더 많은 나무가 필요해요).

56. 답: B

하루에 5500만 배럴로, 이는 전 세계 연료용 기름 수요의 절반을 넘는 양입니다. 해양 중유라 불리기도 하는 걸쭉한 기름인 벙커유는 거대한 탄소발자국을 남기는 화석연료에요. 해양 운송은 온실가스 배출 총량의 2.5%를 차지합니다. 운송 산업의 상황이 조만간 개선될 수 있을까요? 일부 선박은 연료를 가스로 전환했고(가스 역시 화석연료지만 발자국이 훨씬 적어요) 향후 몇 년 안에 화석연료 사용 중단을 계획하는 기업도 있습니다. 전통적 항해 방식에 착안해 화물선이 일부 경로에서만이라도 돛을 사용해 바람의 힘만으로 이동하게 만들자는 혁신적인 제안까지 나왔답니다.

57. 답: D

모스 경도는 19세기의 광물학자 프리드리히 모스Friedrich Mohs의 이름을 딴 경도 측정 방식으로, 다이아몬드가 10, 수정은 7에 불과해요.[8] 최근 국제 다이아몬드

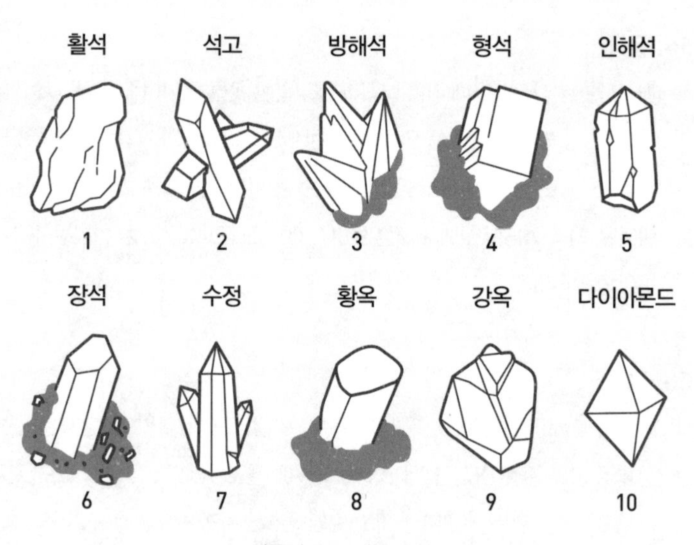

광물의 모스 경도 순위

교역은 인권 침해 감시를 받게 되었어요. '피의 다이아몬드' 혹은 '분쟁 다이아몬드(합법 정부가 아닌 반군이나 무장 세력이 채굴하고 거래하는 다이아몬드를 부르는 유엔 용어)'가 아닌지 확인하는 것이죠. 2003년에 구축되어 유엔을 비롯한 NGO 단체들과 다이아몬드 산업계가 함께 진행하는 '킴벌리 프로세스'는 다이아몬드가 분쟁 지역과 무관한 공급망에서 나왔는지를 확인할 수 있게 해줍니다. 다이아몬드 산업에 관여하는 분이 있다면 이미 킴벌리 프로세스에 관해 잘 알고 있을 거예요.

58. 답: B

이 기간 '기후 정의를 위한 아마존 직원들Amazon Employees for Climate Justice'에 소속된 직원들은 아마존에 자사 배출량 해결을 요구했을 뿐 아니라 석유와 가스 기업에 컴퓨팅 서비스를 중단하라고 호소했습니다(아마존은 모든 회사가 동등한 서비스를 받을 권리가 있다고 반박했지만요).[9] 이 단체는 아마존의 환경 선언과 베조스 지구 펀드 조성에도 중요한 역할을 했어요. 단체 설립을 주도한 환경 정의 운동가

이자 기술직 직원인 마렌 코스타Maren Costa와 에밀리 커닝햄Emily Cunningham은 환경운동 때문에 해고당했다고 주장하며 맞서 싸우던 끝에 2021년, 아마존과 합의를 이루는 데 성공했어요.[10] 두 사람은 오늘날까지도 환경 정의 운동가로 활동 중이니 존경을 표하지 않을 수 없어요.

에린 브로코비치(D)는 당시 사건에 개입하지 않았지만 이후 환경 관련 활동을 펼쳤습니다. 배우 겸 가수인 벳 미들러(C)는 '기후 정의를 위한 아마존 직원들'을 지지하는 트윗을 올리는 등 소셜미디어에서 활약했지요. 벳 미들러를 답으로 골랐다면 그 일을 기억했기 때문일 수도 있어요. 그럼에도 애석하지만 정답은 아니라는 점!

59. 답: C

오늘날 35억 명이 스마트폰을 사용하며, 그 수는 날로 늘어나고 있어요. 스마트폰은 작은 기기이고 충전에 전기가 많이 들지도 않지만 재료 때문에 탄소 발자국이 큽니다. 스마트폰에는 강력한 초소형 자석을 만드는 데 필요한 네오디뮴을 포함해 16~17가지 희귀 금속이 들어가거든요. 코발트, 금, 리튬(배터리용), 실리콘(프로세서용) 등의 물질을 뽑아내야 하는 것도 문제에요. 납과 주석도 필요하죠. 이들 자원은 지구 곳곳에 흩어져 있고 쉽게 얻을 수 없습니다. 지구에서 이런 자원을 뽑아낼 때마다 오염이 발생한다는 사실은 이미 자명하고요. 더욱이 우리는 2년마다 휴대폰을 바꿉니다(훨씬 더 자주 바꾸는 이들도 많죠). 쓰던 휴대폰은 거의 재활용되지 않는 실정이에요. 중요한 자원이 잔뜩 들어있는데도 말이죠.

60. 답: B

저는 리얼리티 프로그램을 좋아하지만 〈카다시안 패밀리The Kardashians〉만은 거부합니다. 때로는 저 혼자만 이 프로그램을 문제 삼는다는 생각도 들어요. 하지만 소셜미디어에서 카다시안 패밀리를 모방하는 소비 열풍이 불 때마다 지구의 몸서리가 느껴지니 별수 있나요.

혹시 상황을 모르는 독자를 위해 조금 더 설명해보자면, 카다시안-제너 가족은 최근 몇 년 새에 미국에서 가장 유명해진 집안이에요. 리얼리티 프로그램과 소셜 미디어 양쪽을 장악하다시피 했고 대부분의 가족 구성원이 의류와 화장품 제품 출시 혹은 홍보 활동을 합니다. 사치스러운 생활방식 과시는 기본이죠. 일회용 플라스틱 물병을 거부하는 식으로 지속 가능성을 내세우기도 하지만 이들의 어마어마한 소비에 비하면 대양의 물 한 방울에 불과합니다. A와 D는 제가 파놓은 함정으로 로런 그린필드가 만든 이전 작품들인 〈더 퀸 오브 베르사유〉 및 〈풍요의 세대〉에서 가져왔습니다.

이렇게 해서 여섯 번째 단계가 끝났네요! 잘 따라오고 있으리라 믿습니다. 3점 이하였다면…… 여전히 문외한의 상태군요. 3~6점이라면, 스마트폰 업그레이드나 다이아몬드에 욕심내던 태도를 반성하고 지금의 소비 습관에서 벗어날 실낱같은 희망을 품어볼 수도 있겠어요. 6점 이상을 얻었다면 자타공인 이미 자기보다 지구를 먼저 생각하는 사람입니다.

지구의 진짜 친구가 되는 여정이 벌써 절반 넘게 지나갔습니다. 다음으로는 잔뜩 쌓인 쓰레기 더미를 마주해야 해요. 썩 아름답지는 않을 테지만요.

STAGE 7

▷ START

웨이스트랜드 청소 작전

"

지구 위 플라스틱의 총 무게는 지구에서 살아가는
모든 포유류 동물 총 무게의 두 배에 달합니다.
그런데 플라스틱은 단 9%만이 재활용됩니다.

앞 단계에서 우리가 보았던 모든 물건은 결국 마지막에는 어딘가로 가게 되어 있어요. 지구 입장에서는 서글프게도 그 어딘가는 쓰레기 더미거나 땅속 매립지, 아니면 소각장의 거대한 불꽃이죠. 우리 손을 거치면 유용하던 것들이 순식간에 무용해집니다. 이런 악마적 재능의 칼끝은 누구를 겨누고 있을까요? 이미 짐작하고도 남겠지만, 바로 가련한 우리 지구 행성입니다. 의류, 첨단 기기, 장난감, 전등갓 등등 점점 더 빠르게 더 많이 생산되는 온갖 것들은 사상 최고로 신속하게 내버려지는 중이죠.

탄소 배출과 함께 인류는 쓰레기 만들기에도 탁월한 능력을 발휘하고 있습니다. 이는 지구의 귀중한 자원을 낭비할 뿐 아니라 재앙을 부르는 일이죠. 쓰레기를 매립지에 쏟아붓거나 소각로에서 태우거나 배에 실어 다른 나라로 보내 골칫거리를 떠맡기거나 하는 식으로 처리하면, 결국 자원 재사용 기회는 차단되고 맙니다. 그렇게 사라지는 자원들을 생각하면 정말이지 울고 싶어요! 그뿐만 아니라 이렇게 파묻거나 태우거나 물속에 던진 쓰레기는 또 다른 오염을 만들어냅니다. 지구의 대기와 화학이 대표적이죠. 미세플라스틱 조각은 지구의 물속에 벌써 가득합니다. 인류가 이미 기후위기에 시달리고 있음을 고려하면 참으로 멍청한 일입니다. 같은 행동을 반복하면서 다른 결과를 기대한다면 미친 짓이라는데(아인슈타인이 한 말로 알려졌지만 유명한 인용구가 다 그렇듯 그의 머릿속에서만 나온 말은 아닐 테지요), 우리가 쓰레기를 버리는 방식이 바로 그렇습니다.

나중에 살펴보겠지만 세계 각지의 지구 시민들이 온갖 혁신적 방법으로 쓰레기를 다루고 있다는 사실은 그나마 다행입니다. 이들은 쓰레기의 개념 자체도 바꾸는 중이죠. '자연에는 본래 쓰레기란 없다'는 것입니다(영감이 필요할 땐 그저 지구를 들여다보면 된다는 걸 다시 깨닫는 순간이죠). 기후변화와 삼림 파괴, 그리고 불평등을 끝내는 세대가 되려면 할 일이 아주 많아요. 동시에 쓰레기라는 말 자체도 내다 버리는 세대가 되어야 합니다. 이제 더는 쓰레기를 도무지 감당할 수 없기 때문이죠. 인류가 지구 행성에 쌓은 쓰레기는 이것으로 충분합니다. 지나친 과장이라고 생각하나요? 산업화 국가에서 매일 같이 만들어내는 쓰레기만 문제가 아닙니다. 과거에 만들었던 쓰레기도 여전히 우리 곁에 남아 있으니까요. 핵폐기물을 제외하고 제일 수명이 길뿐더러 가장 흔한 쓰레기는 바로 플라스틱입니다!

플라스틱 쓰레기는 이제 어디에나 존재하죠. 공식 자료로 확인된 사실입니다. 1950년대 이후 인간은 83억 톤의 쓰레기를 생산해냈어요. 1950년대라고 하면 까마득한 옛날로 생각될지 모르지만, 과학자들이 추산하는 지구 나이가 47억 년이라는 걸 고려하면(여기서 5000만 년 정도는 더할 수도 뺄 수도 있고요),[1] 플라스틱 등장 이후의 시기는 그야

말로 순식간에 불과합니다. 그런데도 플라스틱이 끼치는 피해는 이미 어마어마하죠. 우리는 플라스틱에 파묻혀 죽을 지경입니다. 지구 위 플라스틱의 총 무게는 지구에서 살아가는 모든 포유류 동물 총 무게의 두 배에 달합니다.[2]

알고 있나요?

지금까지 인간은 코끼리 10억 마리 무게와 맞먹는 플라스틱을 만들어냈고, 그 대부분이 여전히 지구 여기저기에 놓여 있습니다!

그런데 플라스틱은 단 9%만이 재활용됩니다. 80% 정도는 다양한 형태로 우리 곁에 남는데, 엄청난 양이 바닷속에 존재한다는 사실이 최근 몇 년 동안 밝혀졌지요. 과학자들은 최근 플라스틱 쓰레기가 강에서 바다로 흘러 들어간 후, 대양 해류와 환류(욕조 물이 빠질 때 보이는 것과 같은 거대한 소용돌이)를 타고 영원히 떠돈다는 사실을 추적해냈습니다. 바람과 파도와 햇빛의 영향을 받은 플라스틱은 점점 더 잘게 부서집니다. 그리고 바다 생명체가 플라스틱 조각을 먹이로 오인해 삼키면서 치명적인 피해를 입어요. 또 폭풍이 불면 플라스틱 조각은 육지로 밀려 들어옵니다. 이 모든 과정이 무한 반복되지요.

몇 년 전 저는 케냐 해안 와타무의 거북보호구turtle sanctuary(바다

거북 일곱 종 중 다섯 종의 터전이지요)에 가서 거대한 푸른바다거북을 바다로 돌려보내는 일을 도왔습니다. 플라스틱을 삼킨 거북이 고통스러운 모습으로 어부들에게 발견되어 와타무 거북병원으로 옮겨졌고 수술을 받아 건강해졌거든요. 하지만 그 거북을 바다로 돌려보내면서 저는 파도에 떠밀려오는 플라스틱 쓰레기를 보고 말았습니다. 거북이 파도를 헤치고 바다로 들어가는 와중에 하얀 물거품과 함께 슬리퍼며 비닐봉지도 쓸려 다니고 있었죠. 거북이 다시 플라스틱을 삼키기까지 얼마나 시간이 걸릴지, 다음번에도 이번처럼 운이 좋을지, 알 수 없는 일입니다.

일상에서 플라스틱 제품을 일회용으로 사용하는 풍조는 참으로 안타깝기 그지없습니다. 플라스틱은 사라지지 않기 때문입니다. '이 물병·기저귀·쇼핑백·빨대·휘젓개·카톤팩·포장지를 내버려야지' 하고 생각할 때 우리는 자신을 속이는 셈입니다. 사실 그건 '내버리는' 게 아니니까요. 플라스틱이 분해되려면 수백 년이 걸리고 그 과정에서 작은 조각으로 나뉜다는 사실은 정설입니다. 야생 동물이 이 조각을 삼키면 병에 걸리고 죽기도 하고요. 플라스틱 조각은 질병을 유발하고 유독 화학물질을 운반하는데, 인간의 혈액에서도 (가소제와 같은) 화학물질이 발견되는 실정입니다. 이것이 어떤 영향을 미칠지 우리는 아직 알지 못하죠. 미래 세대(미래 세대에게도 지구가 살아갈 만한 행성으로 유지될 만큼 운이 좋다면 말이죠)는 오늘의 현실을 어떻게 받아들일까 궁금할 뿐입니다. 이토록 엄청난 양의 플라스틱이 지구를 오염시키고 이미 코끼리 10억 마리 무게와 맞먹을 만큼 쌓였는데도 계속 생산하다니, 우리는 행성을 전혀 사랑하지 않은 게 틀림없다고 결론 내릴지도 모르겠네요.

플라스틱은 지금도 계속 늘어나고 있습니다. 증가 속도가 전혀 줄지 않았죠. 거대한 쓰레기 산에 계속 쓰레기를 보태면서, 우리는 이를 그저 태워버리는 것으로 해결하려 들고 있습니다. 하지만 원유로 만든 플라스틱을 태우면 탄소가 배출되고, 대기 중의 온실가스는 한층 많아집니다. 오염 처리 시설도 없이 노천에서 소각하면, 지역 주민 모두가 유독한 연기를 흡입하게 되고요.

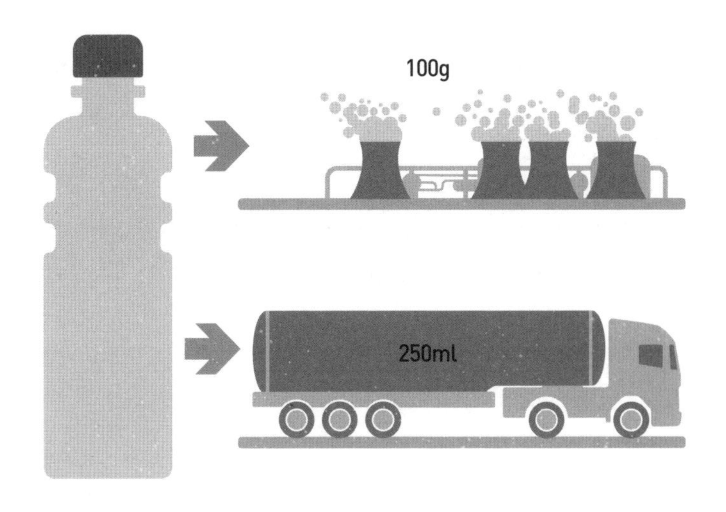

30g의 플라스틱 페트병 하나에 석유 250ml가 들어가고 탄소 100g이 배출된다.

합성 물질인 플라스틱은 현재 세계 시장에 유통되는 35만 종의 합성 화학물질[3]과 함께 '신규 물질' 범주에 들어갑니다. 최근 과학자들은 온실가스 배출과 더불어 이 범주가 위험 수위를 넘어섰다고 결론지었습니다. 지구 행성 체계가 처리하기에는 너무 많은 양이 생산된다는 뜻이죠. 한 과학자는 "플라스틱은 화석연료로 인한 기후변화, 사용에 따른 토양과 수질의 오염, 그 외에도 외래 유입종의 확산과 물리적 변화, 유전자의 항생제 저항, 병원성 미생물의 해양 유입 등 광범위하게 영향을 미친다"라고 말합니다.[4] 지구 입장에서는 재앙이나 다름없지요. 자동차 차체를 가볍게 만들어 연료 사용을 줄이는 '좋은' 플라스틱의 영향력 따위는 훨씬 뛰어넘을 정도의 해악인 셈입니다.

알고 있나요?

청바지 업체 리바이스의 연구에 따르면 미국에서는 연간 생산되는 의류 절반이 소각되거나 매립 처리된다고 합니다.[5] 이 의류들은 만들어진 지 한 해를 채 넘기지 못하고 쓰레기가 된다고 하네요.

이 모든 상황은 우리에게 명확한 행동 계획을 요구합니다. 물론 플라스틱은 필요합니다. 인공 심장판막이나 해양 탐사 장비를 만드는 재료도 플라스틱이니까요. 하지만 그렇다고 일상의 일회용 제품을 모두 플라스틱으로 만들거나 면과 울 같은 천연섬유를 플라스틱으로 바꿀 필요까지는 없습니다(영국 패션 업계의 2020년 조사에 따르면 온라인 패스트패션의 60%가 플라스틱으로 만들어졌다고 하네요). 지구의 친구로서 우리는 적절치 못한 플라스틱 사용을 찾아내고 지구가 플라스틱으로 뒤덮이는 상황을 어떻게든 막아내야 합니다. 저는 걸핏하면 폐기장이나 쓰레기통을 뒤지고 다니는 사람입니다. 쓰레기통 뚜껑을 열어 안에 뭐가 있는지 확인해봐야 직성이 풀리거든요. 그 안에 대체 뭐가 있는지 여러분도 궁금하지 않은가요?

저는 일요판 신문의 쓰레기 관련 특집 보도에 참여한 적이 있습니다. 영국의 네 가정을 설득해 4주 동안 쓰레기를 버리지 않고 보관하도록 했지요. 그리고 그 쓰레기를 수거해 분류했습니다. 연구자들의 도움을 받아 쓰레기 속에 플라스틱이 얼마나 되는지 분석했고(다른 재료와 섞여 있기 일쑤라 생각보다 까다로운 작업이에요) 포장재의 다양한 성분에 석유가 얼마나 사용되었는지 알아보았습니다. 예를 들어 케첩의 깔끔마개를 만들려면 석유 8그램이 필요한데요, 이런 과정을 거쳐 나온 합계 수치를 각 가족에게 알려주었더니 다들 충격을 받더군요. 그저 평범한 일상을 살았음에도 플라스틱과 석유 소비량이 엄청나다는 점, 그리고 플라스틱은 대부분 재활용이 어려워 환경 부담이 크다는 점에서 온 충격이었습니다. 재활용 인프라를 갖춘 이른바 선진국에서조차 플라스틱 재활용은 우리 예상 혹은 기대에 비해 형

편없는 수준입니다.

핵심은 다시 이것입니다. 우리는 플라스틱 소비라는 압력에 맞서 악착같이 싸워야 합니다. 지구와의 관계를 유지하기 위해 우리가 소비자로서 할 수 있는 가장 중요한 일이니까요.

앞서 소개한 그 일요판 기사에는 쓰레기 더미 속에 누워 있는 가족들 사진도 실었습니다. 사무엘이라는 아기가 작은 발로 주변 쓰레기를 즐겁게 걷어차는 장면을 1면에 담았죠. 저는 가끔 그 사진을 떠올립니다. 사무엘은 이제 어른이 되었겠지만, 그때의 플라스틱 쓰레기는 대부분 그 모습 그대로 남아 있을 터입니다.

많은 이가 당혹스러운 표정으로 제게 묻습니다. 이 플라스틱 홍수에서 사소한 변화라도 만들어내는 역할을 다하려면 무엇을 해야 하느냐고 말이죠. 저는 대답합니다. "뭐든 다 하세요. 일회용을 가능한 한 재사용 가능한 것들로 싹 바꾸세요." 하지만 더욱 중요한 것은 기본적인 지식을 갖추는 일입니다.

플라스틱은 석유 업계가 우리에게 가하는 압박이고 지구를 해칩니다. 물론 앞으로도 플라스틱을 완전히 버릴 수는 없겠죠. 지구 행성의 신규 물질인 35만 종 합성 화학물질을 사용해야 하듯이 말입니다(당연히 가능한 한 오염원이 되지 않도록 부정적 영향을 줄이려 노력해야겠지만요). 하지만 어른스럽게 행동하며(지구를 지키는 문제에서는 아이들이 훨씬 앞서가는 듯하니 이런 표현이 맞나 싶긴 합니다만), 우리에게 무엇이 중요하고 무엇이 핵심인지 판단해야 합니다.

비닐로 낱개 포장된 코코넛이나 물티슈는 결단코 안 됩니다. 매끄러운 투명 비닐에 포장된 코코넛을 처음 본 것은 일요판 쓰레기 관련 기사를 준비할 때였죠. 당시 저는 대형 슈퍼마켓에 가지 않으려 애쓰면서 동네의 작은 가게들을 이용했기에, 이전까지는 그런 포장을 보지 못했습니다. 낱개 포장 코코넛을 본 날, 저는 격분해서 다국적 수입유통회사에 당장 편지를 썼습니다. 코코넛은 자연이 준 딱딱한 껍질로 이미 잘 포장된 상태인데 어째서 수백 년 동안 썩지 않을 비닐 포장이 추가로 필요한지 설명해달라고 요구했지요. 회사에서는 여러 이유를 꼽았습니다. 계산에 필요한 바코드를 부착하기 위해서라고도 하고 코코넛 껍질의 자연석인 털이 질식을 유발할 수 있다고도 하더군요. (변화를 시도할 때마다 크나큰 도움을 주는) 독자들 덕분에 유통회사는 그런 포장이 환경에 미친 짓이라는 데 결국 동의했고, 포장을 중단하기로 했습니다.

나름의 승리라고 볼 수도 있지만, 최근 슈퍼마켓에 들른 저는 무려 여섯 종류의 플라스틱 중합체polymer가 사용된 코코넛을 보아야 했습니다. '마시는 코코넛'이라며 낱개 포장에 더해 받침대가 있었고 비닐 포장된 빨대까지 딸려 있었죠. 제 기분이 어땠을지 상상이 가나요?

물티슈도 마찬가지로 순식간에 저를 우울하게 만드는 존재입니다. 두툼한 물티슈 팩을 볼 때마다 눈살을 찌푸리게 되는데요. 플라스틱 섬유로 만든 물티슈는 화장, 아기 엉덩이, 더러운 테이블 등을 닦아낼 때 사용되는 일회용품입니다. 자신과 주변을 항상 깨끗이 하려는 사람들이 즐겨 사용하면서, 손수건·행주·걸레·솔 등 지속 가능한 청소 용품을 대체하고 있죠. 편리한 상품으로 팔리지만, 실상 인류와 자연에는 재앙입니다. 물티슈는 우리 얼굴을 깨끗이 닦아낸 후 주변 환경을 더럽힙니다. 역할이 180도 바뀌는 셈이죠.

저는 런던의 물줄기인 템스강 근처에 사는데요. 풍부한 유량을 자랑하는 거대한 강 덕분에 런던은 손꼽히는 강변 도시죠. 2021년 자원봉사자들이 강 하류에서 쓰레기를 주웠는데, 뒤엉킨 물티슈가 무려 2만 7,000장이나 나왔습니다.[6] 템스강을 비롯한 세계 각지의 강에 버려진 물티슈가 어떻게 강바닥 모습을 바꾸고 생태에 영향을 미치는지 아무도 제대로 깨닫지 못하고 있지요. 땅속 하수관에도 상상할 수 있는 온갖 다른 쓰레기와 뒤섞인 물티슈가 잔뜩입니다(쓰레기를 굳이 상상하고 싶지는 않겠지만요). 저는 영화 촬영팀의 일원이 되어 팻버그fatberg, 즉 하수구의 빙산만 한 기름 덩어리를 실제로 보는 영광을 누린 적이 있는데요. 정말이지 끔찍했습니다.

이번 단계에서 쓰레기 이야기를 들으면서 모든 부분이 통제권을 벗어난 상황이라는 데 여러분이 충격을 받았을지도 모르겠습니다. 그렇다면 다행입니다. 그런 충격이 꼭 필요하니 말이에요. 정말로 현재 상황은 통제를 벗어나 있고 어떻게든 중단되어야 합니다.

좋은 소식도 있습니다. 플라스틱 오염은 점점 더 눈에 잘 띄게 되었습니다. 어딜 가든 플라스틱 쓰레기가 보이기 때문이죠. 이와 함께 플라스틱 쓰레기를 수거하고 나아가 플라스틱 쓰레기를 더는 만들지 말자고 호소하는 세계 각지의 민간단체도 늘어나고 있습니다.

쓰레기와 관련해 지구와 친구가 되는 최고의 방법은 가능한 한 쓰레기를 줄이는 것입니다. 쓰레기발자국을 최소화하는 놀라운 사례들이 이미 존재하지요. 받아들여선 안 될 제품과 행동을 아는 일도 중요합니다. 비닐로 낱개 포장된 코코넛을 보면 판매자에게 시정을 요구하세요. 잠자코 있어서는 변화를 이룰 수 없어요. 당장 행동에 나서기 전에 일단 쓰레기에 대해 무엇을 알고 무엇을 모르는지 확인해봅시다. 플라스틱 오염에 대한 퀴즈도 몇 개 등장합니다.

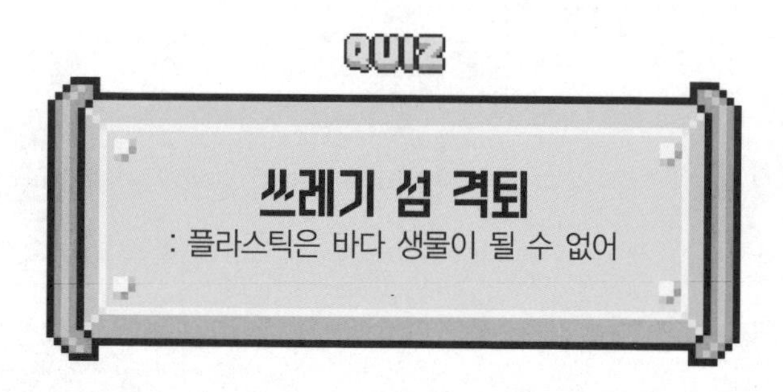

QUIZ
쓰레기 섬 격퇴
: 플라스틱은 바다 생물이 될 수 없어

61. 1987년, 쓰레기 32톤을 실은 바지선이 미국 뉴스쇼의 스타가 되어 여러 달 동안 시청자의 관심을 끈 일이 있었다. 뉴욕의 매립지가 거의 다 차서 매립비가 비싸지자, 폐기물 사업가인 로웰 해럴슨 Lowell Harrelson **이 뉴욕 주택가 쓰레기를 바지선에 실어 중앙아메리카로 보내자는 대단한 아이디어를 떠올린 것이다. 이런 아이디어 대부분이 그렇듯 일은 계획대로 풀리지 않았고, 쓰레기를 받으려는 나라가 없었기에 바지선은 오랫동안 바다를 떠돌아야 했다. 해럴슨이 쓰레기 처리 방법을 고민하게 만든 전설적인 뉴욕의 쓰레기 매립지는 어디일까?**

A. 리버티 랜드필 Liberty Landfill
B. 스태튼 핏츠 Staten Pits
C. 프레시 킬스 Fresh Kills
D. 로저스 샐비지 앤 스크랩 Rogers Salvage and Scrap

62. 160만 제곱킬로미터 크기로 현재 하와이와 캘리포니아 사이를 떠돌고 있는 거대한 바다 쓰레기의 이름은 무엇일까?[7]

A. 태평양 거대 쓰레기 지대
B. 태평양 소용돌이
C. 5대 환류

D. 거대 플라스틱 수프

63. 우리는 물건의 재료를 잘 살펴야 하고 버릴 때도 지혜를 발휘해야 한다. 이번 문제에서는 두 가지를 맞혀보라. 가장 많이 사용되어 버려지는 플라스틱 수지는 무엇이며 지구 곳곳에 가장 많이 흩어져 있는 쓰레기는 무엇일까?

A. 폴리에틸렌과 담배꽁초
B. 폴리스티렌과 빨대
C. 폴리에틸렌 테레프탈레이트와 플라스틱 물병
D. PVC와 일회용 마스크팩

64. 플라스틱 음료수병은 1분마다 몇 개나 판매될까?

A. 1200억 개
B. 100만 개
C. 2000억 개
D. 대부분 수거해 재활용되므로 중요하지 않다.

65. 우리가 일상적으로 소비하는 플라스틱 제품은 세계 각지에서 만들어진다. 이때 작은 플라스틱 알갱이('펠렛'이라 불린다)가 화물선이나 트럭에 실려 세계를 오가면서 수백만 톤이 유실되는데 그중 23만 톤이 해마다 바다에 빠진다는 점도 충격적이다. 이는 생태계와 유기체에 커다란 해악을 미친다. 플라스틱 업계에서 이런 유실 알갱이에 붙인 시적인poetic 이름은 무엇일까?

A. 반짝이
B. 바다의 보석

C. 인어의 눈물

D. 산업의 산호

66. **패션 산업에서 사용되는 가느다란 플라스틱 섬유는 이미 지구 곳곳에 넘쳐난다. 1밀리미터 이하 굵기인 이 초미세합성섬유** microfibre **는 옷을 세탁할 때 하수도로 수천 개가 새어나간다. 다음 중 어떤 옷에 해당 섬유가 가장 많을까?**

A. 니트 스웨터

B. 축구 유니폼

C. 플리스 재킷

D. 방수 파카

67. **1970년대 초, 플로리다 해안에서 타이어 200만 개를 대서양 바다로 던져 넣는 일이 있었다. 대체 어떻게 된 일이었을까?**

A. 환경 보호 단체가 인공 산호초를 만들려 했다.

B. 범죄 조직이 재활용에 앞장서는 모습을 연출했다.

C. 해안 침식을 막아줄 방법이라 기대했다.

D. 제임스 본드 영화의 수중 장면을 찍기 위해서였다.

68. **인도네시아의 생물학자 프리기 아리산디** Prigi Arisandi **는 쓰레기에 맞서 싸우는 운동가로 널리 알려졌다. 그가 방호복 차림의 자원봉사자들과 함께 물길에 수거하러 나선 오염물질은 무엇이었을까?**

A. 페이스마스크

B. 플라스틱 음료수병

C. 기저귀

D. 축구공

69. 2015년에 유엔이 야외 배변을 끝내자고 호소했지만, 지금도 인류의 9억 5000만 명은 화장실 접근이 어려운 환경에서 살아간다. 안전한 배변 장소는 유엔의 지속 가능한 발전 목표 목록의 여섯 번째 자리에 여전히 남아 있다. 다음 가운데 '종교사원보다 화장실toilets before temples'이라는 구호를 내세워 캠페인을 벌인 정치인은 누구일까?

A. 나렌드라 모디Narendra Modi

B. 마하트마 간디

C. 베나지르 부토Benazir Bhutto

D. 주디 와쿵구Judy Wakhungu

70. 쓰레기와 관련된 마지막 질문은 우주로 이어진다(물론 이 책은 지구를 중심으로 살펴보고 있지만, 인류의 쓰레기는 우리 행성 밖에서도 문제를 일으키고 있기 때문이다). 미국 국무부의 우주감시네트워크Space Surveillance Network는 인간이 만든 우주 쓰레기 2만 7,000개가 지구 근처를 떠다니는 상황을 추적하고 있다.[8] 2006년 우주비행사 피어스 셀러스Piers Sellers가 실험을 하다 실수로 떨어뜨리고 만 이것은 무엇일까?

A. 주걱

B. 시험관

C. 공구함

D. 알코올 수준기

ANSWER

정 답

61. 답: C

답은 프레시 킬스입니다. 스태튼섬에 있는 이 유명한 쓰레기 매립지는 엄청난 규모로 한때 우주에서도 보인다는 소문이 돌 정도였지요. 1947년에 문을 연 이 매립지 이름의 '킬스'는 네덜란드어로 시냇물이란 뜻이에요. 50년 동안 뉴욕(세계에서 쓰레기 배출이 가장 많은 도시 가운데 하나)에서 나오는 엄청난 쓰레기를 처리했고 80년대부터 차기 시작해 2001년에 폐쇄되었죠.

오늘날 연간 320만 톤에 달하는 뉴욕의 쓰레기는 먼 곳으로 옮겨 처리됩니다. 사우스캐롤라이나와 펜실베이니아에서 대부분 재처리와 소각을 맡죠.[9] 9.11 사태 이후 프레시 킬스는 세계무역센터 공격의 희생자를 기리는 묘지가 되었습니다.[10] 쓰레기 바지선과 관련해 더 살펴보자면, 이 배는 결국 뉴욕으로 되돌아왔고 해럴슨이 비용을 냈습니다. 이 이야기가 알려지고 주택가 쓰레기가 주목을 받으면서, 뉴욕에서도 재활용 혁신이 시작되었죠.

62. 답: A

다섯 개 환류가 플라스틱 쓰레기를 대양의 소용돌이로 밀어 보내고 있기 때문에, '태평양 거대 쓰레기 지대GPGP, The Great Pacific Garbage Patch'가 유일한 쓰레기 소용돌이는 아니지만 규모가 가장 크고 유명한 것은 분명합니다. 2018년 3월에 발표된 과학 연구에 따르면 이 쓰레기 지대는 과거에 생각했던 것보다 16배나 더 크다고 하네요. 60만 제곱마일에 걸쳐져 있는데 이는 프랑스보다도, 미국 텍사스보다도 훨씬 넓은 면적입니다. 무게는 7만 9,000톤으로 추정되고요. 쓰레기 1조 8000억 개가 모인 것으로 보이며 99.9%가 플라스틱입니다.[11] 더미에서 꺼낸 쓰레기 중에는 무려 40년 된 것도 있었다고 하니, 플라스틱 쓰레기의 박물관이라 할 만합니다.

거대 플라스틱 수프(D)를 답으로 골랐다면 아마 어디선가 그 표현을 들었기 때문일 텐데요. 태평양 거대 쓰레기 지대를 뚫고 항해한 이들은 이곳의 쓰레기가 형태가 구분되는 플라스틱 덩어리라기보다 크기와 밀도가 다양한 조각들로 이루어져 있다는 사실에 착안해 수프라는 표현을 생각해냈지요. 우리의 장엄하고 멋진 대양이 쓰레기 수프로 전락하다니 슬프기 짝이 없네요.

63. 답: A

답은 폴리에틸렌과 담배꽁초입니다. 플라스틱 제품은 1850년대부터 기하급수적으로 늘어났지요. 이렇게 생산된 플라스틱은 바다의 오염물로, 매립장의 쓰레기 더미로, 내구성 제품의 일부로 여전히 우리 곁에 존재합니다. 플라스틱은 생산이 계속 늘어나는 데 비해 재활용되는 비율은 9%에 불과해요. 버려져 방치된 플라스틱 쓰레기를 조사할 때는 주로 해변이나 평지를 이용합니다. 매년 4조 5000억 개 담배꽁초가 버려지는 것으로 추산되는데, 담배꽁초는 플라스틱과 생분해되지 않는 재료로 구성됩니다.

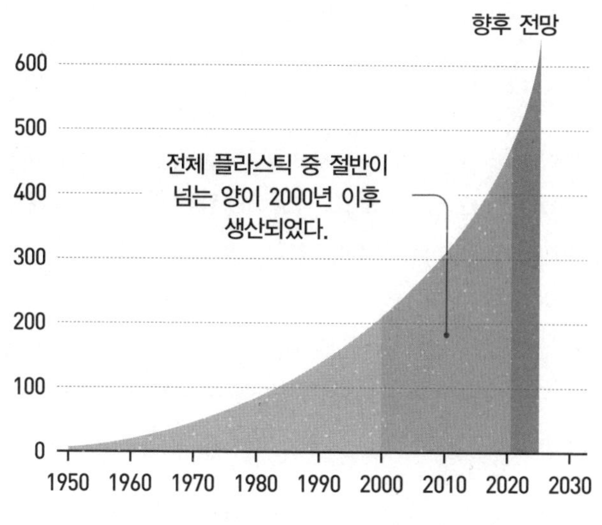

전 세계의 플라스틱 생산은 계속 증가하는 추세이다.

64. 답: B

답은 100만 개[12], 즉 환산하면 초당 2만 개, 연간 4800억 개입니다.[13] 이 음료수 병을 연결하면 지구에서 태양까지 거리의 절반이 넘는다고 하네요. 1200억 개(A)는 코카콜라[14]라는 단일 음료수 브랜드가 지금껏 생산한 총 음료수병 수입니다. 몇 년 전 비정부기구인 그린피스Greenpeace가 이 수치를 계산해 공개했을 때, 전 세계가 충격에 휩싸인 바 있죠. D를 답으로 골랐다면 참으로 낙관적이라 하지 않을 수 없네요. 플라스틱의 재활용 비율은 9%에 불과하기 때문입니다. 마지막으로 호소합니다. 안전한 물(수질 검증된 물)이 24시간 수도꼭지에서 나오는 상황이라면 제발 생수를 사지 말아주세요.

65. 답: C

인어의 눈물이라니, 인어로서는 정말 눈이 빠지도록 울고 싶을 이름이죠. 유실되는 플라스틱 알갱이는 폐타이어 다음으로 바다를 위협하는 미세 오염물질입니다.[15]

2021년 5월 스리랑카 앞바다에서 컨테이너선 엑스프레스펄호MV X-Press Pearl가 가라앉은 사건은 스리랑카 사상 최악의 해운 사고였습니다.[16] 녹두알 크기의 플라스틱 알갱이를 가득 실은 컨테이너 87개에서 인어의 눈물 1,680톤이 쏟아졌어요. 네곰보 지역 인근을 조사한 환경활동가는 해안에 플라스틱 알갱이가 2미터나 쌓였다고 보고했습니다. 유실 플라스틱 알갱이를 유해 폐기물로 공식 인정해달라고 요청하는 이들은 벙커유나 원유에 관심이 집중되어 왔지만 실상 인어의 눈물이 바다에 가장 심각한 피해를 준다고 주장합니다. 특히 바다의 야생동물이 플라스틱 알갱이를 먹이로 오인한다는 게 큰 문제죠. 이 알갱이를 먹은 동물은 포만감만 느끼다가 결국 위장이 플라스틱으로 가득 찬 채 굶어 죽고 맙니다.

66. 답: C

플리스 재킷은 세탁 중에 25만 개가 넘는 초미세합성섬유가 빠져나갑니다.[17] 합성섬유로 만든 것은 무엇이든 섬유 조각이 떨어지지만, 플리스는 성기게 짜여 떨어짐 현상이 더 심하죠. 성능 좋은 세탁기를 사용한다면 한층 많이 빠질 터입니다. 섬유 패션 업계에서는 세탁 중에도 미세섬유가 떨어지지 않는 방법을 고안하고 있지만, 과연 가능할지는 알 수 없죠. 미세섬유를 잡아내는 세탁기 필터가 등장하기도 했지만 당분간은 플리스를 비롯한 합성섬유 의류를 가능한 한 입지 않기를 권합니다.

67. 답: A

오즈본Osborne이라는 인공 산호초를 만들려 했다는군요. 지금 생각하면 환경보호 단체가 타이어 수백만 개를 바다에 던지다니 어이없어 보이죠. 하지만 당시에는 윈윈전략으로 생각했다고 합니다. 타이어 재활용이 막 시작되는 단계에 환경활동가들이 인공 산호초 조성 방법을 모색하고 있었거든요.

이 사례는 지구를 지키는 활동의 변천사에서 큰 교훈으로 남았습니다. 언제나 옳은 선택을 할 수는 없겠죠. 다만 깨달았다면 실수를 바로잡는 게 중요합니다. 오즈본 산호초가 만들어진 곳에는 (당시 예측하지 못했던) 열대 태풍이 점점 더 많이 몰아쳤고, 떠내려간 타이어는 천연 산호에 피해를 주었습니다. 포오션4ocean과 같은 국제 단체가 나서서 타이어를 건져내는 중인데요, 앞으로도 오랫동안 지속할 일 같습니다. 다이빙을 할 수 있는 사람이라면 플로리다에 갔을 때 손을 보태주면 좋겠네요.

68. 답: C

골드먼 환경상 수상자인 프리기 아리산디는 '기저귀 구조대'를 이끌고 인도네시아의 강에 버려진 기저귀를 낚아 올렸습니다. 《가디언》지와의 인터뷰에서 그는 동東자바 지역 수라바야의 강가에 불과 한 시간 남짓 서 있는 동안 기저귀

176개가 흘러가는 모습을 보았다고 설명했습니다. 인도네시아에서는 매년 60억 개의 일회용 기저귀가 생산됩니다. 2018년 세계은행의 연구에서는 인도네시아 15대 강에 있는 쓰레기의 21%가 일회용 기저귀라는 점이 밝혀지기도 했지요. 기저귀는 사실 전 세계에서도 주된 오염원입니다. 영국에서는 매주 800만 개가 매립지나 소각장으로 보내지는데요. 이 어마어마한 실상에 놀라, 빨아서 다시 쓰는 기저귀 등 친환경 대안을 찾는 부모들도 있습니다. '기저귀 도서관'이라는 대여 서비스도 있고요. 친환경 공유경제의 이런 사례들은 다음 단계에서 더 자세히 알아보겠습니다.

69. 답: Ⓐ

답은 나렌드라 모디 인도 총리입니다. 마하트마 간디(B)를 골랐다면 그도 "위생이 독립보다 더 중요하다"라는 말을 남기기는 했지요. 오늘날에도 여전히 비위생적 환경과 오염된 식수 때문에 140만 명가량의 어린이가 사망합니다. 이는 홍역, 말라리아, 에이즈로 인한 사망자를 합친 수보다 많죠. 다 함께 더 잘산다는 것(바로 지구가 인정하는 개념이죠!)은 단순히 더 나은 물건을 다양한 곳에서 쇼핑한다는 의미(물론 이것도 중요하다는 점은 다음 단계에서 살펴보겠지만)나 우리 자신을 돌아본다는 의미가 아닙니다. 세계 공동체를 위해 목소리를 내고 변화를 실현하기 위해 매 순간 노력한다는 의미일 테죠.

오늘날 우리에게는 고맙게도 명확한 목표가 있습니다. 2030년까지 극도의 빈곤, 불평등, 기후변화를 종식하기 위해 193개국 지도자들이 만든 17개 목표가 그것입니다. 이 목표를 그리고 이 목표를 추구하는 기업과 단체를 할 수 있는 만큼 지지해주세요. 세계 위생시설과 식수 지원 단체인 워터에이드(wateraid.org) 같은 곳을 방문해 더 많은 정보를 얻고 여러분이 할 수 있는 일을 찾아보면 더욱 좋겠습니다.

70. 답:

피어스 셀러스는 타일 접착제를 점검하다가 주걱을 놓쳤고, 주걱은 폐기 위성부터 시작해 온갖 잡동사니가 뒤섞인 수천 개 우주 쓰레기 가운데 하나가 되었습니다. 나사는 엄청난 규모의 우주 쓰레기가 미래 세대의 우주 탐사를 위태롭게 만들 수 있다고 우려하는데요. 우주 쓰레기의 현실적 위협은 영화 〈그래비티〉에 등장하기도 했죠. 바로 우주비행사들이 우주 쓰레기 때문에 망가진 허블 망원경을 고치는 장면입니다.

셀러스가 놓친 주걱은 넉 달 후 다시 대기권으로 떨어졌고 재가 되어 대서양 바다에 들어갔습니다. 우주에서 빠른 속도로 날아다닐 위험은 없어졌다지만, 바다에 들어간 재 안에 미세플라스틱이 없었기를 바랄 뿐입니다. 이 일은 어쩌면 모든 물건이 예상치 못한 기묘한 상황에서 유명을 달리할 수도 있음을 보여주는 사례인지도 모르겠네요.

자, 이번 퀴즈는 어땠나요? 문제를 잘 풀어서 지구와 더 친해지는 쪽으로 안테나 방향을 잡는 데 성공했으리라는 쪽에 한 표 걸겠습니다! 혹시 아니라 해도 걱정할 것 없습니다. 워낙 낯선 단어도 많고 함정도 몇 개 있었으니까요. 다음번에는 분명 더 잘 해낼 거예요.

점수가 어떻든 우리의 쓰레기발자국을 줄일 방법은 분명 있습니다. 쓰레기 처리와 관련해 정부를 압박하고 플라스틱 쓰레기를 줄이기 위한 국제 협약을 지지하는 등의 행동도 물론 무척 중요하지만, 더욱 필요한 건 우리 자신의 소비 생활부터 바꾸는 일일 것입니다.

STAGE 8

▷ START

순환경제를 타고 지구 한 바퀴

"

순환경제라고 하니 뜬구름처럼 느껴질 수 있지만 실상은 아주 간단해요. 재료가 최대한 활용되고 계속해서 재사용되도록 디자인하면 됩니다. 다시 말해 쓰레기를 디자인하는 것이죠.

지구를 최우선으로 고려하며 쓰레기통과 찬장을 점검하는 시간을 가져봤습니다. 우리뿐만 아니라 오늘날 세계 각지의 많은 사람이 각자의 위치에서 서로 다른 삶을 살면서도 지구를 최우선으로 배려하고 있어요. 자연과 기후를 위해 나선 영웅들에 관해선 10단계 퀴즈에서 일부나마 접하고 알아갈 거예요.

지구의 건강을 최상의 상태로 되돌리려면 해야 할 일이 산더미지만 극적인 기회도 있습니다. 과다 소비 국가에서 살아가면서 우리는 일상에서 거대한 발자국을 남깁니다. 개인으로서는 소비를 줄일 필요가 있어요. 하지만 우리가 살고 휴식하고 소비하는 방식을 재설정하고 더 녹색인 존재로 거듭날 수 있으려면 기업인과 혁신가 들의 역할이 특히나 중요합니다(경험상 이 두 가지 방법은 별개로 존재하지 않더군요).

현재 우리가 살아가고 소비하는 방식은 여러 면에서 개선이 가능합니다. 우리는 교통 혼잡을 뚫고 이동하는 데 많은 시간을 씁니다. 오염된 공기를 마시고 더러운 물에서 헤엄치고요. 꼭 필요하지 않은 물건을 구입한 후에 신용카드 빚에 허덕이기도 합니다. 플라스틱 오염을 보기만 해도 정신적 피해를 입는다는 연구도 많아요. 공감 가는 주장이지요.

저는 우리 삶을 실제로 설계하는 이들, 그러니까 도시 설계에서 핸드백 디자인까지 다양한 분야의 디자이너에게 지구를 최우선으로 배려하며 상황을 개선할 방법이 무엇인지 묻는 것이 답이라고 생각합니다. 저는 개인적으로 디자이너와 대화하기를 좋아하는데, 이는 그들이 옷, 기계 장치, 유리병 뚜껑 등 무엇을 디자인하든 간에 손쉽게 해답을 찾아내기 때문이에요. 쓰레기 매립지 설계를 목표로 삼아 대학에 가거나 기술을 익히는 사람은 아마 없을 거예요. 대신 그들은 모두 인류를 구원하고 삼림 파괴를 끝낼 해결책, 시대를 바꾸고 길이 역사에 남을 해결책을 꿈꾸겠지요.

우리에겐 바로 이런 식의 명예를 추구하는 마음이 필요합니다. 우리가 매일 사용하는 물건 중 일부는 오래전에 디자인되어 이상적이지 못합니다. 오늘날 대부분의 문제는 지구에서 뽑아내는 자원의 양과 우리가 만드는 쓰레기에서 비롯되는데, 둘 다 과거부터 이어온 무책임한 선형경제linear economy가 그 기원입니다. '선형'이란 말 그대로 자원을 훔쳐내(다소 감정적으로 들릴지 모르겠으나 지구 입장에서는 다른 대체 표현이 없을 것 같군요) 물건을 만들고 그 자원을 다시 사용할 어떤 계획도 없이 내버리는 일련의 과정을 말합니다. 선형경제는 우리가 썩 귀히 여기지 않는 물건들을 생산하기에는 꽤 적절하지만, 지구와 친구가 되는 길과는 거리가 멉니다. 글쎄, 우리 좀 더 잘해볼 수 있잖아요?

알고 있나요?

스마트폰 기기를 사용하는 기간이 조금씩 길어지고 있습니다. 지속 가능성이 조금 더 커진 셈이지요. 2019년, 유럽 5개국(프랑스, 독일, 영국, 이탈리아, 스페인)의 휴대전화 사용 기간은 23.4개월에서 26.2개월로 늘었다고 합니다.[1]

그렇다면 어디서 답을 찾아야 할까요? 선형 방식을 바꾸려면 다른 형태가 필요합니다. 원형, 즉 순환이지요. 순환과 지구는 말과 마차처럼 밀접한 관계입니다. 결국 자연에서는 모든 것이 순환하지 않던가요? '생명의 순환circle of life'은 어느 유명 애니메이션 속 사자의 노래를 넘어서 생물학적·지질학적 근본을 이룹니다. 그러니 우리 지구를 고쳐놓을 환상적 해결책을 찾는다면 그 시작점은 순환이어야 합니다.

순환경제circular economy라고 하니 뜬구름처럼 느껴질 수 있지만 실상은 아주 간단해요. 재료가 최대한 활용되고 계속해서 재사용되도록 디자인하면 됩니다. 다시 말해 쓰레기를 디자인하는 것이죠. '패스트' 업계가 순환적 재활용 시스템을 갖추었다고 홍보하는 것을 자주 접해보았을 텐데요. 이른바 '보상판매' 방식인데, 예를 들어 패스트패션 업체는 더 이상 입지 않는 의류를 매장으로 가져와 반납하면 다른 옷을 살 수 있는 바우처를 줍니다. 장난감 회사에서는 낡은 장난감을 회수해가지요. 얼핏 보면 낡은 옷과 장난감이 새 옷과 장난감으로 재탄생하는 것처럼 보이지만, 사실은 그렇게 간단하지 않습니다.

소비재 대부분은 플라스틱을 포함하고 있어 똑같은 모습으로 재활용하기가 어렵습니다. 그러다 보니 옷은 자동차 시트 속을 채우는 재료가 되고, 장난감은 공원 벤치의 재료로 쓰이죠. 이 방식으로는 재료가 단계를 거칠 때마다 가치를 잃어버리고 한 번 이상 재활용하

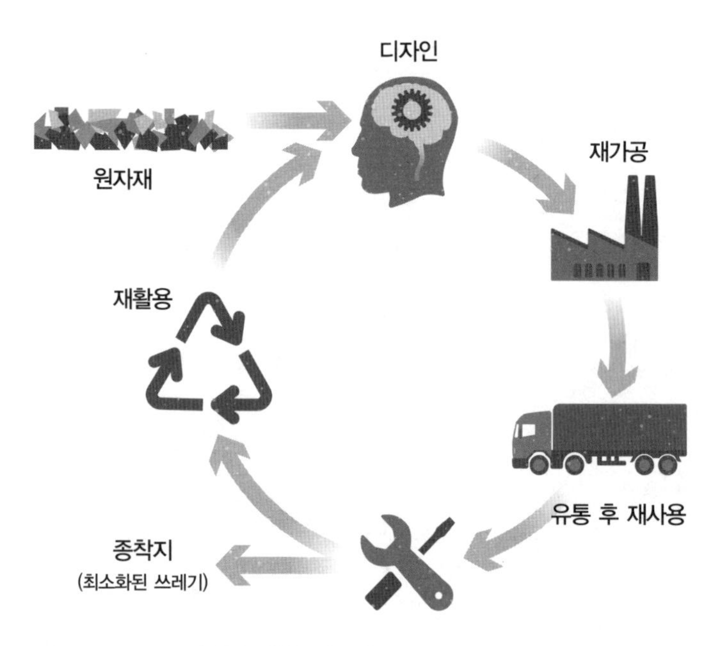

순환적 재활용 시스템을 이용해 쓰레기 디자인하기

기 어려워집니다. 이런 다운 사이클링은 순환이라 볼 수 없어요. 순환 방식이 정착하려면 물건 소유자 한 명에 의존하지 않는 더 큰 체계를 만들어야 해요. 크게 생각해야 하죠.

청바지 업체인 MUD의 경우 청바지를 생산할 때 옷감이 가능한 한 오래 순환하는 데 초점을 맞춥니다. 그래서 청바지를 판매하지 않고 대여합니다. 고객이 다 입고 반납한 청바지는 수선과 세탁을 거쳐 다시 대여하거나 새 청바지로 만들어요. 순환경제가 자리 잡으려면 이런 대여 방식이 많아져야 합니다. 재활용이 쉬운 알루미늄 같은 재료가 더 많이 공유되어야 하구요

알고 있나요?

영국에서 판매되는 네 개의 바나나 가운데 하나는 공정무역 농산물(개발도상국 생산자가 공정한 비용을 받고 판매한 상품)입니다. 매년 바나나 500만 개를 소비하는 나라에서 이 정도면 상당한 비율이지요.[2]

그렇습니다, 지구를 돌보는 답은 바로 공유에요. 있는지도 잘 모르는 물건이 우리 삶을 얼마나 복잡하게 만드는지 몰라요. 전동 드릴을 예로 들어봅시다. 공구함 속 전동 드릴은 구입 후 폐기까지 평균 사용 시간이 13분에 불과하다고 해요. 그런데도 많은 가정이 어

이없게도 전동 드릴을 구비합니다. 공구를 갖추고 대여해주는 곳이 일정 거리마다 만들어지면 어떨까요? 가정마다 공구함을 둘 필요도 없고 새로운 비즈니스 모델도 생겨나지 않을까요?

지구가 과거의 영광을 되찾도록 일조하는 한 방법으로, 질소를 고정하고 양분을 제공하는 작물을 재배하는 것이 있어요. 플라스틱 섬유를 사용하는 등 나쁜 방식으로 물건을 만드는 데서 벗어나 재생섬유를 사용하는 좋은 방식으로 전환한다면 지구의 진짜 친구가 되는 길에 큰 걸음을 내딛는 셈이에요.

가까운 미래에는 우리 친구 지구를 더 배려하고 발자국도 줄이는 제품과 서비스가 훨씬 많아질 겁니다. 직접 디자인하거나 아이디어를 내는 일도 가능할지 몰라요. 탄소중립net-zero을 입법화하는 국가도 많아졌으니, 현재 오염을 내뿜는 기술이 훨씬 긍정적인 모습으로 전환되는 진보가 뒤따를 거라고 예상해볼 수 있겠죠. 일단 전환이 시작되면 가속도도 붙을 테고요.(그러니 떨어지지 않도록 꽉 붙잡아야 해요!)

하지만 지금 시점에서는 일상에서 의사결정을 할 때마다 지구를 배려한다는 생각을 최우선에 두어야만 변화가 지속될 거예요. 복잡하게 생각할 필요 없어요. 어떤 두루마리 휴지가 가장 윤리적인지 몇 시간씩 고민할 필요는 없으니까요. 다만 문제가 되는 지점을 인식하고, 적절한 인증 마크(목재가 지속 가능하게 관리되는 공급망에서 나왔음을 확인하는 국제삼림관리협의회FSC의 로고를 예시로 들 수 있겠군요)를 알아두면 됩니다. 힘들게 번 돈인데 올바른 방향으로 지출하면 좋잖아요?

나눔에서 돌봄까지 지구 한 바퀴

디자이너나 제작가라면 온라인에 무료로 공개된 자료에서 재료를 찾아보세요. 지식 공유와 혁신을 도모하는 이들 플랫폼은 지구의 진짜 친구가 되는 데 필요한 도구를 제공합니다. 예를 들어 순환경제 전문가들이 만든 온라인 플랫폼 '머테리엄Materiom'은 재생 가능한 자원으로 만든 재료들의 데이터를 제공합니다. 선형이 아닌 원형을 선택한 디자이너들에게는 보물 창고나 다름없는 곳이죠!

유엔개발계획UNDP 액셀러레이터 랩스Accelerator Labs가 운영하고, 시장부터 대학까지 각색의 전문가가 전 세계에서 모인 포 투모로우(Fortomorrow.org)는 늘 혁신가와 번뜩이는 새로운 해결책을 기다립니다. 멋진 아이디어가 있다면 바로 내놓아 공유해보세요!

친구에게 파괴적인 쪽에 자금을 지원하고 싶은 생각은 없을 테니까요.

저는 개인적으로 '소비자'라는 말을 싫어합니다. 우리 모두가 주체적인 지구 시민인데, 소비자라는 말은 그저 제프 베이조스에게서 물건을 구매하면서 상황 개선을 기대하는 소극적인 존재처럼 느끼게 만들기 때문이에요. '윤리적 소비자'라는 말은 훨씬 낫습니다. 여전히 소비가 포함되지만 동료 인간, 동식물계, 생물권을 존중하며 의사 결정한다는 뜻이 들어가니까요.

순환경제 같은 움직임 덕분에 극히 적은 양을 소비하면서 윤리적 소비자가 되는 삶이 가능해졌습니다. 소비재가 안겨주는 불쾌함을 줄이는 길로 증명된 한 가지 방법은 물건이 모든 기준을 다 충족하는지, 다른 물건보다 못하지는 않은지 살피면서 괴로워하기보다 가능한 한 오래 그 물건을 사용하는 것이에요. 옷을 예로 들어보자면, 100% 유기농 면으로 만든 새 티셔츠를 지구가 좋아할지와 같은 복잡한 문제를 두고 몇 시간 동안 토론하는 대신 옷이 해질 때까지 열심히 입어주면 된다는 말이에요. 이것이 그 티셔츠를 지구 친화적으로 만드는 길입니다. 다시 입고, 다시 사용하고, 다시 만들고, 다시 짝을 맞추는 일은 새롭고도 중요한 기술이에요. 삶의 방식을 바꿀수록 지구에게 감사 인사를 받을 수 있을 겁니다.

자, 그럼 이제 발자국, 수선, '유용한 플라스틱'과 억만장자 생활방식 등, 오염과 관련된 문제 열 개를 풀어볼 차례예요!

QUIZ

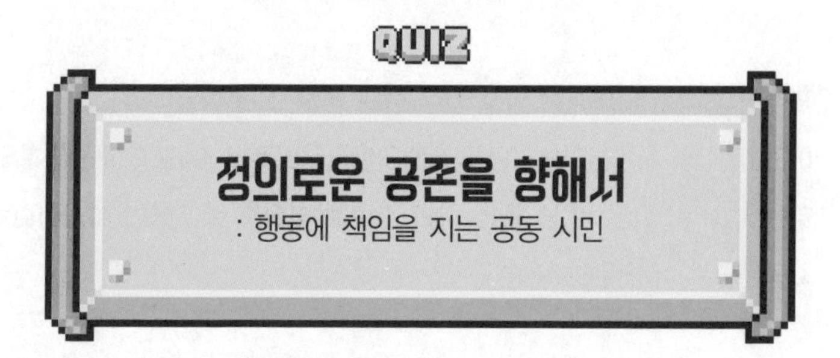

정의로운 공존을 향해서
: 행동에 책임을 지는 공동 시민

71. 가정에서 배출하는 탄소는 당신이 어디서 태어나 살아가는가에 따라 큰, 아니 엄청난 차이를 보인다. 개발국가의 소비주의 경제에서 살아가는 우리는 전체 탄소 파이에서 거의 대부분이라 할 정도로 아주 큰 조각을 차지한다. 베를린의 핫앤쿨재단 Hot and Cool Foundation**은 2030년까지 우리 각자의 탄소 발자국을 어느 수준까지 줄여야 한다고 말할까?**

A. 인당 연간 2.5톤
B. 인당 연간 1.4톤
C. 인당 연간 0.7톤
D. 당장 제로 수준으로 탄소발자국을 떨어뜨려야 한다.

72. 탄소오염의 책임은 지구상에서 가장 부유한 1%가 ________ 보다 두 배 이상 많다. 빈칸에 들어갈 알맞은 말은 무엇일까?

A. 방글라데시 전체 인구
B. 인류의 가난한 절반
C. 아랍 에미리트
D. 모나코

73. 한 해를 기준으로 생태적 자원과 서비스에 대한 인간의 수요가 지구의

재생산 능력을 넘어서는 날을 지구 생태 용량 초과의 날Earth Overshoot Day 이라고 한다. 국제연구단체인 국제생태발자국네트워크GFN가 계산해 발표하는 수치로, 최근 몇 년 동안 이와 관련해 변화를 촉구하는 해시태그로 사용된 것은 무엇일까?

A. #EatLessMeat (#고기 덜 먹기)
B. #BuyLessStuff (#소비 덜 하기)
C. #MovetheDate (#날짜 옮기기)
D. #LifeBalance (#삶의 균형)

74. 지구와 친구되는 길에서 교묘한 속임수에 넘어가지 않는 것도 중요하다. 기업이나 단체가 믿을 만한 근거 없이 지속 가능성 정책이나 제품을 홍보하지 못하도록 하는 법이 속속 만들어지고 있다. 이런 식의 속임수를 무엇이라 부를까?

A. 그린워싱Greenwashing
B. 워킹Woke-ing
C. 제리맨더링Jerrymandering
D. 에코 인플레이팅Eco-inflating

75. 공정무역 운동은 국제 거래에서 개발도상국 생산자들에게 공정한 몫을 배분하고 환경도 보호하려는 조치이다. 몇 해 동안 공정무역 운동이 확산되었고 이제 공정무역 마크를 단 수천 가지 식료품을 전 세계 매장에서 만날 수 있다. 영국에 처음으로 공정무역 상품 판매가 시작되었을 때 슈퍼마켓 운영자들은 어떤 반응을 보였을까?

A. 두 주 만에 주문을 두 배로 늘렸다.

B. 교회 목사들만 구입할 것이라 말했다.

C. 브라질너트 판매를 시도했다.

D. 공정무역 제품을 상점 앞쪽에 진열했다.

76. 앞서 말했듯 때로 플라스틱은 매우 유용하고 우리에게 꼭 필요한 제품 생산에 쓰인다. 영국 본머스대학에 있는 플라스틱 디자인 박물관이 이를 잘 보여준다. 영국 하이위컴의 웬디 브로디 Wendy Brodie **가 발명한 제품으로 이곳에 상설 전시되는 전시품 번호 AIBDC: 005910는**[3] **어떤 물건일까?**

A. 물속에서 플라스틱을 잡아내는 플라스틱 수거 장치

B. 가정용 플라스틱 공병 제조기

C. 타월을 대체하는 인체 물기 제거기

D. 냉장고 바닥에 붙이면 과일과 채소의 보관 기간을 늘려주는 신선 유지 장치

77. 2009년 미국의 두 대학원생 제니퍼 하이먼 Jennifer Hyman **과 제니 플레이스** Jenny Fleiss **가 만든 전자상거래 플랫폼이 수백만 달러의 투자금을 유치하는 열풍을 일으켰다. 환경 측면에서 악명 높던 산업의 혁신 가능성을 엿보게 한 이 비즈니스 모델은 무엇일까?**

A. 렌트 더 런웨이 Rent the Runway

B. 다보스 다운로드 Davos of Downloads

C. 테슬라 스마트폰

D. 아마존 에코 화장품

78. 수리할 권리Right to Repair 운동이 전 세계적으로 벌어지고 있다. 영국, 프랑스, 미국 등에서는 소비자가 냉장고부터 세탁기와 TV에 이르기까지 모든 물건의 부품을 구해 고쳐 쓸 수 있도록 보장하는 수리할 권리에 관한 법률이 제정되기 시작했다. 이러한 움직임은 지구에 유해한 어떤 현상을 중단하고자 할까?

A. 무어의 법칙
B. 오컴의 면도날
C. 오버톤의 창
D. 계획적 구식화

79. 부자가 되기에 앞서 하지 말아야 할 일부터 정리해보자. 어떤 상황에 처해 있든, 지구를 배려하는 태도는 오래 유지되어야 하기 때문이다. 세계 상위 1%의 슈퍼리치가 된다 해도 거대한 탄소발자국을 남기지 않기 위해 절대적으로 피해야 할 일은 다음 중 무엇일까?

A. 전용 제트기를 타고 여행하기
B. 네 채 이상의 자택 보유하기
C. 슈퍼 요트 구매하기
D. 경주마 소유하기

80. 자, 지금까지 배운 지식을 총동원해 볼 기회이다. 더 잘 살려면 환경 부하를 최소화하는 현명한 의사결정이 필요하다는 점을 알게 되었다. 모든 물건에는 제조에 사용된 자원과 에너지의 발자국이 남는다. 제조에 들어간 에너지를 넘어설 만큼 물건을 오래 사용해야 손익분기점을 넘긴다. 오래 가는 물건을 선택하고 충분히 사용할 때 더 나은 삶을 지속할 수 있다. 다음

보기 중 손익분기점에 관한 올바른 예시 두 개는 무엇일까?

A. 리유저블 컵은(일회용 컵과 비교해) 21~27회 사용해야 손익분기점에 도달한다.

B. 헤어드라이어는 1년 동안 매일 20분씩 사용해야 손익분기점에 도달한다.

C. 전기차의 손익분기점은 9년이다.

D. 모조 성탄 나무의 손익분기점은 10년이다.

ANSWER

정 답

71. 답: A

1년에 인당 10톤, 세계 평균의 두 배를 배출하는 영국인에게는 쉽지 않은 목표지만, 인당 연간 2.5톤까지 줄여야 합니다. 하지만 여기서 끝이 아니에요. 핫앤쿨 재단 연구자들은 일단 연간 2.5톤이 달성되고 나면 2040년까지 연간 1.4톤, 2050년까지 연간 0.7톤으로 가볍게 살아야 한다고 말합니다.[4] 도무지 불가능해 보인다면 일단 세상에 불가능한 일은 없다는 것, 전 세계가 인프라를 '그린'으로 전환하고자 함께 애쓰고 있다는 점을 말해두면 좋겠군요. 당신이 모든 책임을 혼자 질 필요는 없다는 뜻이에요.

하지만 동시에 생활 수준을 높이려면(다음 단계에서 더 다룰 내용입니다) 탄소 배출을 늘려야 하는 사람이 많다는 점도 잊지 말아야 할 지점입니다. 이들이 지속 가능한 미래를 살 수 있으려면 지구 친화적 기술, 특히 재생 가능 에너지로 가능한 한 빨리 옮겨가야 해요. 서로 다른 상황에 놓인 지구 시민들 사이의 균형을 맞춰야 할 테니까요.

72. 답: B

앞 질문과 이어지는 내용이죠? 답은 인류의 가난한 절반입니다.[5] 그 수는 31억 명이에요. 지구 그리고 우리 자신을 위해 탄소 배출을 대폭 줄여야 한다는 점, 적은 탄소량에 맞춰 삶을 개편해야 한다는 사실은 분명해요. 다만 개발도상국은 탄소 감축량을 선진국과 똑같이 감당하라는 요구가 불공평하다는 점을 지적합니다. 십대 환경운동가 그레타 툰베리도 2019년 일간지 사설에서 '탄소발자국이 클수록 도덕적 책임도 더 많이 져야 한다'고 주장했고[6] 대다수가(저를 포함해) 이에 공감했습니다.

73. 답: C

인간이 지구의 재생산 능력을 넘어서버리는 날짜가 매년 앞당겨지고 있다는 위기 의식에서 #MovetheDate 움직임이 시작되었어요. 1970년에는 12월 30일로 거의 연말이던 지구 생태 용량 초과의 날은 2021년이 되자 7월 29일이 되었습니다. 날짜를 뒤로 옮기기 위해 할 수 있는 모든 일을 다 해야 하는 시점입니다. 최종적으로는 이날이 아예 필요 없도록 만드는 게 목표에요. 매년 지구 생태 용량 초과의 날을 확인하는 일정을 잡아두어도 좋겠네요. 아, 스트레스를 덜 받으려면 세금 납부 일정과는 겹치지 않도록 조율 필수!

74. 답: A

'그린워싱'은 여행·관광 산업에서 나온 말이에요. 1980년대 미국 환경운동가인 제이 웨스터벨트 Jay Westervelt는 여행하던 중 '환경을 구하기 위해' 수건을 다시 사용해달라는 호텔의 요청 문구를 보았는데, 호텔이 다른 면에서는 재활용을 촉구하지 않는 상황이었던 만큼 결국 이런 요청이 세탁비를 절약하려는 꼼수에서 나왔다는 결론을 내렸다고 합니다.

75. 답: B

안타깝지만 답은 B에요. 공정무역 운동 개척자들이 홍차와 커피 샘플을 들고 슈퍼마켓을 찾았을 때 목사들이나 구입할 것이라는 말을 들었다고 해요. 개발도상국 농부와 환경을 걱정하는 사람이 누가 있겠느냐는 비아냥이었지요. 그럼에도 마지못해 시범 판매를 시작했을 때 예상은 보기 좋게 빗나갔습니다. 고객들은 생산자 몫의 추가 비용을 기꺼이 지불했죠. 홍차와 커피에서 시작된 공정무역 상품은 1,500종을 넘어섰습니다. 브라질너트(C)를 포함해서 말이죠. 트레이더들이 최초의 윤리적 투자 펀드에 붙인 별명도 '브라질'이었는데 이는 곧 윤리적 투자는 넛츠 nuts, 즉 정신 나간 사람이나 한다는 의미에서였죠. 여기서도 예상이 빗나가 윤리적 투자는 큰 인기를 누렸습니다. 때론 타인을 배려하는 일이 꽤 멋진 결과를 가져온다는 점을 보여주는 사건이었어요.

76. 답: C

플라스틱으로 만든 밀대 형태로 로마인들이 욕실에서 사용했다는 꼰 말털과 비슷한 이 제품은, 사실 저의 집에도 10년쯤 전에 사둔 것이 있는데 지금은 애석하게도 판매되지 않습니다. 멋진 대체 제품인데 말이지요.

타월은 욕실의 엄청난 가스 배출 주범이에요. 우리가 타월을 너무 자주, 고온으로 세탁하기 때문입니다(고온 대신 30도에서 타월을 세탁하면 에너지를 40%나 줄일 수 있어요). 심지어 건조기를 사용함으로써 환경에 추가 부담을 주지요. 그러니 무거운 타월을 세탁해 커다란 발자국을 찍는 대신 인체 물기 제거기를 사용해보면 어떨까요? 타월은 남은 물기를 가볍게 닦아내는 용도로도 충분합니다.

77. 답: A

답은 '렌트 더 런웨이'에요.[7] 두 여성 사업가는 패션과 신기술을 결합했는데, 사실 아이디어는 단순했어요. 고가의 유명 브랜드 의류를 구입해 이를 대여하면서 구매 비용을 회수한다는 것이었죠. 많은 이들은 개인의 소유보다 공유경제를 바탕으로 하는 이 모델이 지닌 환경적 가치에 주목했습니다. 앞에서 이미 살펴봤듯 의류 산업은 폐기와 낭비로 악명이 높으니까요.

'렌트 더 런웨이'는 지구 친화라는 메시지를 내건 신세대 의류 대여 플랫폼의 탄생을 이끌었고 젊은 패션 소비자들을 끌어들였어요. 고가 핸드백 등 특정 상품을 전문으로 하는 플랫폼도 등장했습니다. 이용자들은 의류를 대여할 뿐 아니라 자기가 소유한 의류를 대여용으로 내놓을 수도 있답니다.

78. 답: D

'계획적 구식화'는 미국 대공황 시대까지 거슬러 올라가는 개념으로 경제 부흥을

입는 옷에서 타고 이동하는 자동차에 이르기까지 어디서나 탄소발자국이 생겨난다.

가속하고자 기존 물품이 가능한 한 빨리 폐기되고 새로운 제품으로 대체되도록 한다는 개념이에요. 당시에는 어느 정도 통했을 이야기일지 모르지만 오늘날의 생태 위기 시대에는 재앙에 가까운 생각이 아닐 수 없습니다. 가전제품이 짧은 기간 동안만 사용되도록 만든 디자인은 지구에 크나큰 부담을 안겨줄 수밖에 없습니다. 일부 기업과 제조업체는 의도적으로 이를 부추겨 논란을 낳습니다.

배터리를 물건 속에 심어 교체 불가능하게 만드는 제조 방식도 계획적 구식화 사례 중 하나입니다. 배터리 수명이 다하면 통째로 버리고 새로 살 수밖에 없게 만드니까요. 유독 폐기물을 낳는 계획적 구식화를 중단하려면 우리의 권리를 지구의 권리와 맞춰야 해요. 동기부여를 얻고 싶다면 iFixit 웹사이트[8]를 방문해 봐도 좋겠습니다. 이곳은 '우리는 소유한 모든 물건을 열고 손대고 수리할 권리가 있다'라는 구호를 내건 낡은 물건 수리 전문 사이트에요.

무어의 법칙(A)을 답으로 골랐다면 어느 정도 납득할 만합니다. 같은 돈으로 살 수 있는 컴퓨터 성능이 18개월마다 두 배로 증가한다는 법칙은 결국 구식화와 긴밀하게 관련되기 때문이에요. 하지만 안타깝게도 정답은 아닙니다.

79. 답: C

답은 슈퍼 요트로, 억만장자의 생활이 얼마만큼의 탄소를 발생시키는지 상세히 다룬 기존 연구가 있습니다. 이 연구는 82개 데이터베이스를 면밀히 검토해 슈퍼 요트가 그야말로 슈퍼 탄소 배출원이라는 점을 밝혀냈어요. '상근 승무원, 헬리콥터 착륙장, 잠수함, 수영장을 갖춘 슈퍼 요트는 매년 7,020톤의 이산화탄소를 배출해 환경 측면에서 볼 때 최악의 소유물'이라고 해요. 억만장자 로만 아브라모비치Roman Abramovich가 자주 이용하는 이클립스호(길이가 162미터 이상으로 세계에서 두 번째로 큰 개인 요트라고 하죠)가 아마 가장 전형적인 사례일 듯합니다.

80. 답: A, D

맞혔다면 스스로를 칭찬해주세요! 다양한 재료를 비교한 연구들에 따르면 도자기 잔이 일회용 컵보다 나으려면 21~27회 정도 사용되어야 한다고 해요.[9] 전혀 어려운 일이 아니죠? 도자기 잔은 하루에도 몇 번씩 사용하고 평생 쓸 수도 있으니 말예요. 캐나다 빅토리아대학교의 마틴 호킹Martin B. Hocking 교수는 거의 30년 전인 1994년에 내놓은 연구에서 만들 때와 씻을 때 들어가는 에너지를 넘어서기 위해 몇 년씩 사용해야 하는 도자기 잔보다 종이컵이 낫다고 평가하기도 했어요. 하지만 이제는 상황이 다릅니다. 일회용 종이컵은 플라스틱이 덧대어져 있어서 재활용하기 어려워요. 과거에 우리는 일회용 종이컵이 얼마나 재활용되는지를 과대평가해 왔어요.

모조 성탄 나무의 경우 대부분 플라스틱으로 만들어지고 중국에서 수입됩니다. 트럭을 몰고 가스를 내뿜으며 한참 달려가 진짜 나무를 베어오는 것보다는 공장에서 효율적으로 생산하는 편이 나으려나요? 진짜 나무를 베면 탄소가 빠져나온다는 문제도 있습니다. 복잡한 문제지만 매년 성탄 장식을 위해 나무 700만 그루가 팔려나가는 영국에서 존 카이저John Kazer 교수가 진짜 나무와 모조 나무를 비교한 연구를 보면 2미터짜리 모조 나무의 탄소발자국은 40킬로그램 정도로 매립장에서 삶을 마감하는 진짜 나무의 두 배 정도이고, 소각되는 진짜 나무의 10배 정도라고 해요.[10] 그러니 모조 나무는 최소 열 번의 성탄절 동안 반복 사용해야 진짜 나무에 비해 환경 부담이 줄어드는 셈입니다.[11]

오랜 습관은 버리기 힘듭니다. 이번 퀴즈를 풀면서 새로운 개선의 가능성을 배웠길 바라요! 점수가 3점 이하였다면 아직 과거의 생각을 버리지 못했기 때문일지 몰라요. 슈퍼 요트를 타고 떠나는 휴가를 꿈꾸거나 한 번 쓰고 버리는 생활이 편하다는 생각이 깊숙이 숨어 있을지도요. 만약 그렇다면 그런 마음을 놓아버리고 지구와의 연결 관계에 집중할 때 얼마나 큰 만족감을 얻을 수 있을지 상상해보세요(억만장자가 되는 것보다 이쪽이 더 실현 가능성이 높기도 하답니다). 4~7점이라면 나쁘지 않은 점수에요. 지구를 배려하는 감각이 잘 발전하고 있습니다. 다음 번에는 더 잘 해낼 거예요! 7~10점이라면 성공적인 결말이 기대됩니다. 자, 스퍼트 올려볼까요?

STAGE 9

▶ START

탄소 배출 없이 지구와 함께하는 브런치

"

식료품으로 재배되는 종은 6,000~7,000개 정도 되고 먹을 수 있는 식물 종은 3만 개가 넘지만, 유의미하게 재배되는 작물은 170종에 지나지 않아요.

"

지금까지 지구의 진짜 친구가 되기 위한 여정을 잘 거쳐온 것을 축하하고자 브런치 모임을 가지려고 해요. 지구도 참석한답니다! 그런데 문제가 하나 있습니다. 아니, 여러 개요. 바람이 살랑거리는 좋은 날씨지만 당황스러워 식은땀이 나는군요. 지구 앞에서 음식을 주문하려니 걱정이 한두 가지가 아닙니다. 와플을 먹고 싶은데, 잠깐만, 수마트라 우림을 파괴하고 오랑우탄의 서식지를 파괴하는 팜유가 함유되어 있지 않았나? 안 되겠군, 그럼 달걀 요리를 시켜볼까? 아냐, 현대의 달걀 생산이 지구에 지속 가능하다고 할 수 있나? 이것도 안 되겠는걸. 소고기는? 이거야말로 온실가스를 내뿜는 원흉이지. 그런데 지구는 우리를 똑바로 쳐다보더니 메뉴를 덮어버립니다. "그런 건 아무것도 아냐. 음식물 쓰레기는 어떻고?"

알고 있나요?

전 세계 모든 음식 가운데 3분의 1은 쓰레기가 됩니다.[1] 영국의 경우 매년 요식업계에서 제공되는 80조인분 식사의 6분의 1이 곧바로 쓰레기통으로 들어간다고 해요.[2]

탄소 배출의 4분의 1은 음식물 손실분과 쓰레기에서 배출됩니다(음식물은 농장이나 공장의 생산, 제조 과정에서 사라지는 경우 손실분, 소비자가 버리면 쓰레기가 됩니다. 둘 다 엄청난 양이지요). 《네이처 푸드Nature Food》에 실린 최근 연구에 따르면 식량은 온실가스 배출의 영향을 받기도 하지만, 식량 자체가 총 온실가스 배출의 35%를 차지해 기후위기의 원인이 된다고 해요.[3]

기후위기가 식량 생산에 긍정적으로 작용하지 않는다는 점은 굳이 설명이 필요가 없을 듯하군요. 식량 생산과 기후위기의 최전선에 놓인 농부들은 이상기후 현상이 심해지면서 생계에 타격을 받았고 식량 공급에 곤란을 겪었습니다. 기온이 올라가면 커피나 바나나 같

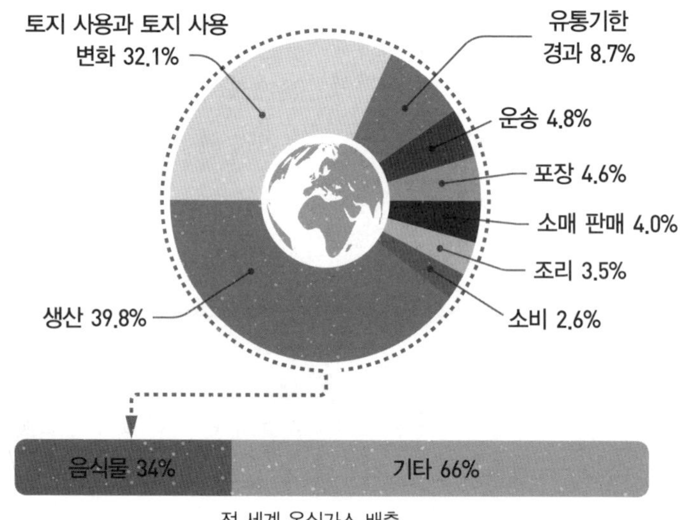

전 세계 온실가스 배출

푸드 시스템의 파이 나누기

은 작물은 재배가 특히 힘들어져요.

혜택을 누리는 소비자들조차 위기를 느끼기에 이르렀습니다. 제가 사는 동네에서는 지난해 여름, 상점의 파스타가 다 떨어지는 충격적인 사건이 일어났어요. 몇 가지 한정된 메뉴에 의존하며 어린 자녀를 키우는 가정이 특히 어려움을 겪었습니다. 대체 왜 이런 일이 벌어졌을까요? 수천 마일 떨어진 캐나다 밀 재배 지역에서 지속된 이상고온이 시작점이었습니다. 그 이후에는 유럽에서 기록적인 가뭄과 이상기후 현상이 나타났지요. 기후변화가 유발한 이 모든 요소가 합쳐지면서 파스타 재료인 듀럼밀 수확이 급감했던 겁니다.

여러 해 동안 파스타 공급업체들은 더 쫄깃하고 맛 좋은 파스타를 만들고자 밀 연구를 해왔어요. 하지만 이번에는 기후변화의 역습을 맞은 셈입니다. 일부 '소비자'는(앞서 밝혔듯 저는 이 표현을 싫어합니다만) 이 사건으로 뭔가 잘못되었음을 처음으로 체감했을 거예요. 우리의 식료품 구입은 생산 과정과 너무도 동떨어져 있습니다. 6만 5,000가지에서 7만 가지에 달하는 영국 슈퍼마켓의 식료품 매대 사이를 오가는 일은 마치 디즈니랜드 관광 같다는 생각이 드는군요. 매대가 꽉 찼다면 곧 식품 공급이 안정적이라고 믿기 쉽지만 그건 사실이 아닙니다.

식량 재배와 생산이 까마득히 먼 얘기라 느끼는 이유는 우리가 수천 킬로미터 떨어진 곳에서 수입된 후 여러 차례 가공을 거친 식료품을 구입하기 때문이기도 해요. 오늘날 우리의 음식 문화는 조부모

알고 있나요?

아보카도는 생산에 엄청나게 많은 물을 필요로 해요! 물발자국네트워크 Water Footprint Network에 따르면 아보카도 한 개를 키우는 데 물 227리터가 들어간다고 해요. 휴대폰 하나를 생산하는 데 물 240리터가 들어가는데 말이죠.

세대의 문화와 믿기 어려울 만큼 다릅니다. 우리는 가공식품, 제철이 아닌 식품을 전보다 훨씬 많이 먹습니다. 온실이나 비닐하우스에서 작물을 재배하고 멀리까지 운송하는 데에는 막대한 에너지가 들어갑니다. 대부분 화석연료에서 얻는 에너지이므로 우리 식단 자체가 많은 탄소를 배출하지요. 결국 지구를 배려하는 식생활은 쉽게 이루어질 수 없습니다.

그럼에도 기꺼이 그렇게 하겠다고 나서는 이들이 많습니다. 지구 친화적 식생활이 자신에게도 더 좋기 때문이에요. 지구 친화적인 음식이란 더 신선하고 더 지역적이며 더 다양한 식사를 뜻합니다. 게다가 더 건강하고 맛도 좋지요. 지구 친화적인 식사를 시작하는 일은 생각보다 어렵지도 않아요. 몇 가지 규칙만 지킨다면 당신과 장바구니 모두가 옳은 방향으로 갈 수 있습니다.

첫째, 식물을 더 많이 먹는 겁니다. 과일과 채소 섭취를 늘리면 인류 공동체 식단의 탄소 배출을 17%나 줄일 수 있어요.[4] 환경 부담이 큰 고기와 생선을 대체할 수 있기 때문이죠. 탄소 배출을 한층 최소화하려면 가능한 한 지역 내 작물을 이용해보세요(로컬푸드라고도 하지요).

둘째, 제철 식품 섭취를 습관화해 보세요. 과일과 채소에만 해당하는 얘기가 아닙니다. 생선만 해도 우리는 물고기에 자연적인 번식 주기란 없다는 듯 마구 소비하고 섭취합니다. 최대한 가까운 지역에서 잡힌 제철 생선을 사서 먹어보세요. 기회가 있다면 어부에게 요즘 무엇이 잡히는지 물어보면 어떨까요? 이로써 물고기 군집에 가하는 압력을 줄이고, 지속 가능성을 고려하면서(새끼를 낳아 대양이 재생산할 기회를 보장하면서) 잡아 올린 생선을 구할 수 있을 거예요.

음식물 쓰레기부터 줄여봅시다

연구자들은 가정에서 식사를 사전 계획할 때 음식 쓰레기를 줄일 수 있다고 말합니다.[5] 냉장고를 열고 마음 내키는 대로 꺼내는 대신 미리 메뉴를 생각해두면 뭘 사야 할지 알 수 있으니까요. 식료품이 너무 많다면 친구나 이웃과 나누세요. 식료품 나눔용 앱도 출시되어 있답니다. 그리고 맛과 질감을 돋우는 식물 중심 식단을 짜보세요. 고기를 포기해야 하니 아쉽다고 생각하는 대신 식사의 맛과 질감을 한층 높였다고 생각하면 도움이 될 거예요.

셋째, 가능한 한 다양하게 섞어 먹어보세요. 국제 환경 NGO 세계자연기금에 따르면 인간이 섭취하는 전체 칼로리의 60%가 단 세 가지 곡물에서 나온다고 합니다. 바로 쌀, 밀, (대부분 액상 과당 시럽으로 가공된) 옥수수에요. 이는 우리가 다양한 곡물의 많은 영양소를 섭취하지 못하고 있고, 앞서 예시로 나온 파스타 품절 사태 같은 현상에 취약하다는 뜻일 뿐만 아니라, 단일품종 편중 경작으로 생태계 건강을 훼손하고 있음을 보여줍니다. 자연이 그렇듯 우리 장바구니에도 가능한 한 다양한 것이 담겨야 해요.

넷째, 가공 처리된 식품을 피하고 통곡물을 섭취하는 것이에요. 세계자연기금 홈페이지에 가보면 세 가지 주요 곡물을 대체할 수 있는 50가지 식료품 목록이 나와 있으니(https://www.wwf.org.uk/sites/default/files/2019-02/Knorr_Future_50_Report_FINAL_Online.pdf) 참고해봐도 좋겠어요!

알고 있나요?

2018년 미국 환경단체인 '환경워킹그룹EWG'에 따르면 일반적인 방식으로 재배된 과일과 채소에는 최대 230가지 서로 다른 농약 성분이 들어 있다고 해요.[6]

이제 지구와 브런치를 즐길 자격 조건을 확인할 준비가 되었나요? 그럼 가봅시다!

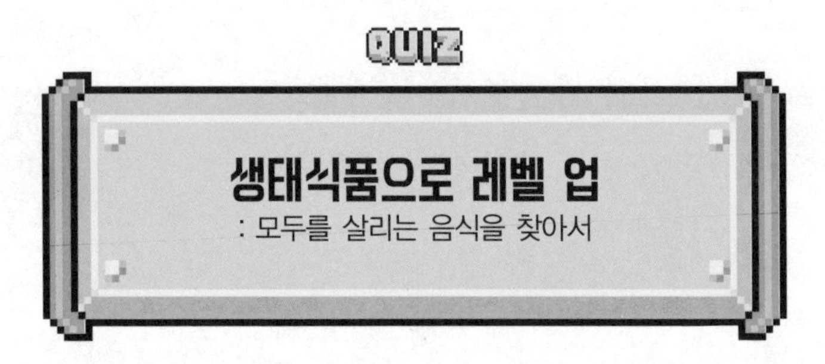

QUIZ
생태식품으로 레벨 업
: 모두를 살리는 음식을 찾아서

01. 영국에서 시작된 못생긴 과일채소를 보내주는 구독 서비스인 오드박스 Oddbox 가 2021년 유엔에 청원한 내용은 무엇일까?

A. 음식물 쓰레기를 '쓰레기 나라Wasteland'라는 새로운 회원국으로 등록하라는 것

B. 채소의 플라스틱 포장을 국제 차원에서 금지하라는 것

C. 음식물 쓰레기를 환경 파괴 행동으로 분류하라는 것

D. 공급 과정에서 식품 30%를 낭비하는 식품제조업계 대기업에 벌금을 부과하라는 것

02. "식물 위주로 과도하지 않게 먹어라Eat food, not too much, mostly plants"라는 짧은 문장에 음식과 건강에 관한 모든 이치를 담은 사람은 누구일까?

A. 앤서니 보데인Anthony Bourdain

B. 페라 퀸Farah Quinn

C. 줄리아 차일드Julia Child

D. 마이클 폴란Michael Pollan

03. 무엇을 먹는지와 함께 어떻게 먹는지도 중요하다. 미국인들이 차 안에서 먹는 음식은 전체 음식 가운데 몇 퍼센트일까?

A. 10%

B. 70%

C. 20%

D. 80%

84. 2022년 새해 첫날, 30가지 과일과 채소의 플라스틱 포장 판매를 불법으로 지정한 나라는 어디일까?

A. 프랑스

B. 아르헨티나

C. 케냐

D. 스페인

85. "친구를 가까이하고 재배지는 더욱 가까이하라"라는 미국의 홍보 문구는 어디서 만들어졌을까?

A. 건포도재배인연합 Raisin Growers Cooperative

B. 아몬드농장주연합 Almond Farmers Union

C. 지역사회농업지원공동체 Community Supported Agriculture

D. 흑인식료품주권연합 Black Food Sovereignty Coalition

86. 이 책의 앞부분에서 지구가 어마어마하게 다양한 식물 종을 품고 있다는 점을 살펴보았다. 오늘날 상업적으로 유의미한 정도로 재배되는 작물 종은 몇 개 정도일까?

A. 7,000 개

B. 3만 개
C. 170개
D. 세 개

07. 우리가 매일 마시는 우유는 뜨거워지는 지구에서 보다 회복탄력성이 좋은 소에서 나온 제품일 수 있다. 회복탄력성 면에서 과학자들이 높이 평가하는 소 품종은 다음 중 무엇일까?

A. 저지Jersey
B. 홀스타인Holstein
C. 넬로르Nelore
D. 리무쟁Limousin

08. 2019년 16개국 과학자들이 지구 건강을 위한 식단을 만들었다.[7] 100억 인구(2050년 목표 인구)를 위한 식단은 어떤 모습이고 어떤 맛일지 궁금해진다. 여기서 인당 권장되는 2,500칼로리 가운데 식물 기반 음식은 몇 퍼센트로 정해졌을까?

A. 100%. 고기나 유제품은 전혀 포함되지 않는다.
B. 90.8%가 식물에서 나와야 한다.
C. 50%. 나머지 절반은 동물성 단백질과 첨가당으로 채워진다.
D. 12%

09. 우마미Umami, 시오크 미트Shiok meats, 블루날루BlueNalu, 와일드타입Wildtype 등 다양한 스타트업 기업이 환경 부하가 큰 산업을 혁신하겠다고 도전장을 내밀었다. 이들이 애니멀프리 제품으로 대체하려고 하는 것은 무엇일까?

A. 스테이크

B. 아보카도

C. 문어

D. 참다랑어와 도미

30. 생태예술 활동가 다니엘 페르난데스 파스쿠알 Daniel Fernández Pascual**과 알론 슈바베**Alon Schwabe**는 '쿠킹 섹션즈**Cooking Sections**'라는 팀을 결성해 음식을 소재로 미술 작품을 만든다. 이들이 만든 용어로, 지구에 가하는 부하에 초점을 맞춰 식품이 이동하고 섭취되는 과정을 표현하는 말은 무엇일까?**

A. 비거뉴어리veganuary

B. 클리마보어climavore

C. 지구 칼로리Earth calories

D. 옴니보어omnivore

ANSWER

정답

81. 답: A

오드박스는 음식물 쓰레기를 '쓰레기 나라'를 국명으로 하는 새로운 회원국으로 받아들이라는 청원을 유엔에 제출했어요. 음식물 쓰레기가 나라가 된다면 그 탄소 배출량은 중국과 미국에 이어 세계 3위라는 면에서 어느 정도 일리가 있는 얘기였지요.

오드박스는 쓰레기에 관한 고민에서 출발한 기업입니다. 이 회사의 과일채소 상자는 상식을 깨뜨리지요. 지금은 과일과 채소에 등급이 매겨지고 완벽하지 않은 수확물은 모두 쓰레기로 버려집니다. 이 막대한 양의 쓰레기는 모두 탄소 배출원이 되지요. 오드박스는 등급을 받지 못한 못생긴 수확물만 상자에 담아 보내줍니다. 충분히 지지를 보낼 만한 아이디어 아닌가요!

82. 답: D

이 문장은 마이클 폴란이 2008년에 낸 베스트셀러 《마이클 폴란의 행복한 밥상》에 등장하는 말이에요. 캘리포니아 버클리대학교의 과학과 환경 저널리즘 교수인 폴란은 음식과 건강을 주제로 여러 베스트셀러 저서를 냈어요. 오늘날의 식료품 공급망이 우리 건강과 지구에 미치는 영향에 초점을 맞춘 책들이죠. 지역 내 식료품 구매에 앞장서고 직접 재배하기를 권하는 그가 내놓는 일곱 가지 식사 원칙은 아주 인상적이고 기억할 만합니다. 제가 가장 좋아하는 원칙은 "썩지 않는 것은 먹지 말라"에요. 당신도 동의하나요?

83. 답: C

《마이클 폴란의 행복한 밥상》에서 폴란은 "전체 음식의 20%는 차 안에서 섭취된다"라고 말합니다. 산업화 국가에서는 지난 30년간 이동 중에 음식을 먹는 경우가 점점 더 많아졌어요. 폴란은 "휘발유 사는 곳에서 음식을 사지 말라"라고 조언하기도 했지요. 우리는 자동차에 연료를 채우면서 운전 중 먹을 음식(설탕 범벅 스낵이나 카페인 음료 등)을 잔뜩 사들이곤 하는데, 이게 얼마나 멍청한 행동일지 한번 생각해보세요! 주유소에서는 연료의 탄화수소 화학물질이 음식에 흡수될 위험성이 높습니다. 최소한 올리브만큼은 주유소에서 사지 말라는 연구도 있어요. 올리브의 기름 성분이 다른 어떤 식품보다도 탄화수소 화학물질을 많이 흡수하기 때문이지요.[8]

84. 답: A

2022년 새해 첫날부터 프랑스에서는 30가지 과일과 채소를 플라스틱으로 포장할 수 없습니다. 플라스틱 쓰레기를 줄이려면 어서 다른 나라들도 동참해야 해요! 플라스틱의 40%가 식료품 포장에 들어가고 거의 전부 일회용으로 버려지는 상황입니다. 어떤 과일과 채소가 포함되었는지 일부 소개하자면 감자, 가지, 고추, 오이, 토마토, 양파, 양배추, 콜리플라워, 당근, 사과, 배, 키위, 자두, 파인애플, 망고, 오렌지, 레몬, 자몽 등이 들어갑니다. 이들을 1.5킬로그램 이하로 판매할 때는 플라스틱 포장을 일절 사용할 수 없어요. 자른 과일은 일단 예외지만 체리토마토와 껍질콩, 흠집이 생기지 않도록 특별 포장되는 복숭아조차도 2024년 이후에는 플라스틱 포장이 금지된다고 합니다.[9] 4단계에 등장했던 버섯 포장재가 과일채소 시장에 플라스틱 포장 대체품으로 진출할 기회를 얻을 수 있을지, 함께 지켜봅시다.

85. 답: C

'지역사회농업지원공동체CSA'에서 만든 말이에요. 이 말은 1980년대 중반 유럽에서 미국으로 이주한 스위스 출신 얀 밴더 투인Jan Vander Tuin과 독일 출신 트라우거 그로흐Trauger Groh가 만든 것인데, 두 사람은 지구에 큰 부담을 주는 단일 작물 농장과 우주에서도 보일 정도로 규모가 큰 가축 사육장에서 생산되는 식료품에 문제를 제기하고자 했어요. CSA는 소비자들이 수확물 일부를 먼저 구입해볼 수 있도록 하는 방식으로 농장의 지분에 대한 포상을 제공합니다. 대기업이 점령한 식료품 상점에 소규모 농가가 진출할 수 있도록 돕는 역할도 합니다. 여러 나라에서 나름의 CSA 모델을 마련했는데, 중국의 경우 이를 계기로 생태적 농경으로의 전환이 일어났고, 2007년 기준 500개 농장이 CSA 방식으로 운영되었어요.[10] '흑인식료품주권연합(D)'은 식량 재배에 존재하는 구조적 인종 차별주의에 주목하고 간과되었던 공동체에 관심을 촉구하는 단체입니다.

86. 답: C

식료품으로 재배되는 종은 6,000~7,000개 정도 되고 먹을 수 있는 식물 종은 3만 개가 넘지만, 유의미하게 재배되는 작물은 170종에 지나지 않아요. 지금까지 이 책에서 배운 내용이 머리를 스쳐가며 위기감이 들지 않았나요? 안타깝지만 상황은 더욱 나쁩니다. 우리가 얻는 대부분의 열량과 영양소는 작물 170개 중 겨우 30개가 책임지기 때문이에요. 매일 섭취하는 열량 가운데 40% 이상이 쌀, 밀, 옥수수라는 단 세 가지 작물에서 나온다는 사실을 보면 편중은 한층 더 심해집니다. 이들 작물에 많은 압력이 가해질 테고, 심각한 편중 재배가 지구 행성에 나쁘다는 점은 굳이 말할 필요도 없겠죠?[11]

87. 답: A

뜨거워지는 지구에서는 홀스타인(B)에 비해 저지(A)의 우유 생산량이 많습니다. 기온의 상승이 소에게 어떤 영향을 미치는지를 다룬 연구가 한창 진행 중이에요. 미시시피주립대 연구진은 우유군개량협회Dairy Herd Improvment Association가 보유한 저지 종 142마리와 홀스타인 종 586마리의 자료를 분석했습니다.[12] 반추위 내 발효와 수유 과정에서 체내에 열이 발생하기 때문에 젖소는 더위에 특히 취약합니다. 온도가 높아지면 젖 생산이 줄고 지방, 유고형분, 젖당, 단백질 함량이 줄어들지요. 높은 온도에서는 출산율도 낮아져 재생산이 어려워집니다.

저지(왼쪽)와 홀스타인(오른쪽) 중 어느 종이 더워지는 세상에 더 잘 적응할까?

하지만 미국의 젖소 900만 마리 중 94%가 홀스타인 종이라는 점을 고려하면 전환은 쉽지 않을 거예요.

88. 답: B

답은 90.8%로, 대부분의 사람이 식단을 완전히 바꿔야 해요. 고기나 유제품을 먹지 않는 식단은 개인의 탄소발자국을 줄이는 가장 효과적인 방법입니다. 연구에 따르면 가축 사육에 전 세계 농지의 83%가 사용되지만 여기서 인간이 얻는 열량은 전체의 18%에 불과하다고 해요.[13] 고기를 얻고자 동물을 키울 때 배출되는 탄소량은 식물 기반 식량 생산의 두 배입니다. 앞서 보았지만 소의 방귀와 트림은 메탄을 배출합니다(반추동물의 생존에 피할 수 없는 생리현상이지요). 흔히 간과되지만 숲이 방목초지로 바뀌면서 환경에 가해지는 피해도 있습니다. 이런저런 측면이 더해지면서 부정적 효과는 두 배가 되지요.

89. 답: D

혁신적인 기업인들은 1조 5000억 달러에 달하는 해산물 경제의 일부를 세포 배양 해산물로 대체하고자 합니다. 시작은 참다랑어와 도미에요. 세포 배양 해산물이 성공하기를 진심으로 바라는 마음입니다. 해산물이 인기를 누리면서 남획이 일상화되었기 때문이에요. 1961년 이후 인당 해산물 소비는 9킬로그램에서 20.2킬로그램으로 늘었고[14] 앞으로도 계속 증가할 전망입니다. 1970년 이후 바다 생물 개체 수는 반토막이 났어요. 누군가 세포 배양 문어도 연구해 주면 좋겠네요. 2020년 오스카상을 받은 다큐멘터리 〈나의 문어 선생님〉을 본 다음에도 문어를 먹는 사람이 있다면…… 저로서는 이해 불가군요.

90. 답: [illegible]

저는 '클리마보어'가 개인 식습관 변화와 식량 행동주의를 잘 결합한 말인 것 같아 좋아합니다. 제가 생각하는 클리마보어는 기후와 자연의 위기를 고려해 식생활을 조정하는 사람을 뜻해요. 탄소 배출이 높은 '나쁜' 재료를 거부할 뿐 아니라 지구 재생을 도울 대안을 적극적으로 찾아가는 존재일 테죠. 예를 들어, 양식 연어 같은 문제 많은 단백질 대신 서식지를 활발히 재생하고 물을 깨끗이 하는 자연산 굴을 선택하는 거예요. 이는 개인의 탄소발자국을 줄일 뿐만 아니라, 산업계의 관련 표준을 높여 화석연료 기반 유해 생산 과정이 대체되도록 유도할 거예요. 더 많은 사례가 궁금하다면 becoming.climavore.org 사이트를 방문해 보시길!

자, 이번 퀴즈는 어땠나요? 3점 이하로 낮은 점수였다고 해도 좌절할 필요는 없어요. 습관과 행동을 바꾸는 일에서는 당신이 주인이니 말이에요. 제일 먼저 지금껏 잘 해낸 행동이 무엇이었는지 찾아보세요. 중간 정도 점수였다면 혁신적인 아이디어와 움직임을 어느 정도 알고 있다는 사실에 자부심을 가져도 좋습니다. 이미 지구를 위한 식단을 실천하는 중이라면 더없이 축하할 일이고요. 하지만 아직은 시작에 불과하니 어떻게 더 잘 해나갈 수 있을지 계속 고민할 필요가 있겠죠? 그럼 이제 마지막을 향해 가봅시다!

STAGE 10

▷ START

함께하는 여행은 끝나지 않아!

"

소란스럽고 과감한 행동을 벌여 성과를 거둔 사례도 존재합니다. 예를 들어 네덜란드에서는 900명 시민이 기후 관련 약속을 어긴 정부를 상대로 소송을 제기했지요. 무려 세 번이나 소송을 벌여 모두 승소했답니다.

지금까지의 여정이 즐거웠기를 바랍니다. 이제 결승선이 코앞이네요. 점수가 낮았다고 의기소침할 필요는 없습니다. 아직 마지막 단계가 남아 있으니까요.

저는 여러분이 지구와 친구가 되려는 과정에서 무엇보다도 자신감과 열정을 유지하는 게 가장 중요하다고 생각합니다. 복잡하고 스트레스도 받겠지만, 그럼에도 흥미진진한 이 길에서 우리가 시도할 수 있는 일은 아주 많거든요. 저는 이 모두를 '지구의 진짜 친구가 되려는 노력'이라고 표현합니다. 홍수처럼 쏟아지는 기후 관련 연구들, 다양한 시도가 실패로 돌아가면서 거듭되는 실망 속에서, 이 단순한 표현은 좌절감에 빠진 저를 붙잡아 세워주지요. 환경 관련 지식이 풍부하지 않은 다른 분들에게도 이 표현이 도움이 되리라 믿습니다.

우리 가운데 많은 사람이 의혹에 시달립니다. 지구를 바라보는 우리 관점, 자연과 기후의 위기 그리고 소비주의 이야기에 귀 기울여주는 사람이 한 명이라도 있을까 하는 의심이죠. 행동 변화에까지 동참해주리라는 기대는 아예 하지도 못하고요. 자연과 기후의 위기 상황에 압도되어 어디서 무엇부터 해야 할지 모르는 경우도 많습니다. 그럴 때면 변화를 위해 개인이 할 수 있는 일은 아무것도 없다는 내면의 속삭임이 들려오기도 하죠.

저는 이 모든 두려움과 장벽을 고루 경험해왔습니다. 그렇게 스스로가 의심스러운 순간을 겪을 때면 위대한 동물학자 제인 구달의 말을 떠올리곤 해요. "주변 세상에 영향을 미치지 않고 넘어갈 수 있는 날은 단 하루도 없다. 당신의 행동은 분명 차이를 만든다. 어떤 차이를 만들고 싶은지 결정해야 한다."[1] 제인 구달과 몇 차례 협력 작업을 할 수 있었던 건 제게 큰 행운이었습니다. 덕분에 위의 말을 제인 구달의 목소리로 들을 수 있었거든요. 특유의 실용주의와 결단력이 합쳐진 이 말은 저를 행동하게 만듭니다.

알고 있나요?

2019년 9월 20일에 전 세계에서 열린 청소년 기후 행동 Youth Climate Strike**은 사상 최대 규모의 기후 관련 시위였습니다. 뉴욕에서 참여한 그레타 툰베리를 포함해 400만 명의 청소년과 성인이 참여해 지지를 표시했죠.**

다양한 사람들이 지구를 위해 목소리를 내고 더 나은 의사결정을 끌어내기 위해 나름의 노력을 다해왔습니다. 기후전문 변호사이자 기후변화 전문가인 파라나 야민Farhana Yamin도 그중 한 명이죠. 야민 변호사는 1991년 이후 정상급 기후회의에 모두 참여하면서(한 번도 빠짐없이요!) 30년 동안 기후협약 관련 조언을 해왔습니다. 특히 섬나라와 개발도상국을 대변하는 태도로 유명한데요. 최근 저는 야민 변호사의 강연을 들으면서, 방대한 지식을 단순한 행동 수칙으로 압축하는 모습에 감탄했습니다. "우리 각자가 제다이JEDI가 되어야 한다"라는 내용이었죠. JEDI는 정의Justice, 공평Equity, 다양성Diversity, 포용성Inclusion의 줄임말입니다. "지구 편에서 생각하고 행동하려 할 때, '제다이'를 토대로 삼아라. 그러면 '포스'가 함께 할 것이다!"

변화를 만들려면 아주아주 큰 힘이 필요하다고 말하면서, 심지어 당신의 사명감을 비웃는 사람도 있을지 모릅니다. 그 사람이 본래 나쁜 건 아닙니다. 그저 행동하지 않고 바뀌지 않았을 때의 비용을 잊고 있을 뿐이죠. 우리가 살아가는 지구가 기후변화라는 재앙과 종 파괴에 부닥쳐 살기 힘든 곳으로 바뀔 때의 엄청난 비용에 대해 여러분이 예의 바르게 알려주면 어떨까요? 물론 상대가 정말 나쁜 사람이라면 피하는 게 상책이겠지만요.

이 일에 50%만 참여하겠다는 건 의미가 없습니다. 환경 저술가이자 팟캐스트 진행자인 메리 아나이스 헤글러Mary Annaise Heglar는 "위기에서 절반만 탈출했다면 여전히 위기 상황이라는 뜻이다. 생존 가능한 미래를 만드는 문제에서 중간 지대란 없다"고 말했죠.[2] 바꿔 말하면 여러분이 바로 행동에 나서야 한다는 뜻입니다! 해결책을 다 알아야만 운동에 참여하고 친구나 이웃에게 기후위기를 알리고 필요한 대처 행동을 할 수 있는 건 아닙니다. 다만 계속해서 질문을 제기해야 합니다. 그러니 핑계 대며 물러서지 맙시다. 계속 화석연료를 때면서 우리 환경을 건강하게 만들 수는 없지요. 개간을 이유로 저인망 어선으로 동식물 서식지를 파괴하면서 비극적 멸종 사태를 중단시킬 수도 없고요. 우리는 이 상황에 침묵해서는 안 됩니다.

환경 교실

우리는 사실 학창 시절에 기후나 자연 관련 교육을 충분히 받지 못했습니다. 대부분 생태 문해력이 떨어지고 건강한 지구 행성이 어떤 모습인지 설명하는 데 어려움을 겪지요. 여러분도 그런 문제를 느낀다면 수천 개에 달하는 온라인 강좌가 해결책이 될 수 있습니다. 무크MOOC(대규모 온라인 공개 강좌)만 하더라도 유엔환경계획이 협력해 만든 pedrr.org/mooc를 포함해 가입만 하고 들을 수 있는 강좌가 많죠. www.aimhi.earth 같은 곳에서는 인생을 바꾸는 놀라운 가르침을 얻게 될 것입니다. 자연을 생각하는 사람으로 거듭날 뿐 아니라 지구를 지키는 공동체의 일원이 되는 길을 안내해주거든요.

저는 우리가 희망을 품는 것이 가장 중요하다고 믿습니다. 냉장고 자석이나 카드에 쓰인 흔한 축하 문구처럼 "긍정적으로 생각해!"라는 주문을 전하려는 건 아니에요. 변화를 위해 계속 나아가도록 독려하는 적극적 희망이 필요합니다. 이런 희망은 실천과 보살핌을 요구하지요. 다른 사람들이 해나가는 일을 꾸준히 확인하는 것도 좋은 방법입니다. 저도 이 책을 쓰고 퀴즈 문제를 만들면서, 여기저기서 일어난 성과에 감동하며 기운을 낼 수 있었습니다. 소란스럽고 과감한 행동을 벌여 성과를 거둔 사례도 존재합니다. 예를 들어 네덜란드에서는 900명 시민이 기후 관련 약속을 어긴 정부를 상대로 소송을 제기했지요. 무려 세 번이나 소송을 벌여 모두 승소했답니다.

알고 있나요?

지구가 파괴되는 상황, 특히 삼림 훼손과 관련해 기사를 쓴 환경 전문 기자 가운데 스무 명이 2010~2020년에 살해당했습니다. 폭력과 위협에 시달리는 기자들은 훨씬 더 많고요.

더 조용하고 특별한 모습의 행동도 존재합니다. 저는 지구를 수호하는 임무 가운데 균류학자 줄리아나 푸르치Giuliana Furci의 노력을 특히 좋아하는데요. 앞서 4단계에서 인류의 미래와 연결된 균류의 미래를 다룬 내용을 기억하실 겁니다. 균류의 생태적 중요성을 밝히는 푸르치의 끊임없는 연구와 설명 덕분에 국제자연보전연맹IUCN의 종種 보존위원회SSC는 식물군과 동물군에 이어 세 번째로 균류군을 더하겠다고 발표했어요. 정말 대단하지 않나요?

땅 밑에서 들려오는 소리

균류군과 관련한 일에 조금 더 참여할 의지가 있다면, SPUNSociety for Protection of Underground Networks에서 시민 연구자로 활동할 수 있습니다. 연구자와 지역사회가 힘을 합쳐 균류 네트워크를 지도로 만드는 중인데, 휴대전화만 있으면 지침에 따라 지도 만드는 작업에 힘을 보탤 수 있다고 하네요. 숲을 산책할 때 새로운 목표가 생기는 셈이죠!

자, 이런 낙관적 분위기 속에서 마지막 단계로 들어가봅시다. 이번 퀴즈는 여러분의 열정과 영감을 높이려는 목적으로 만들었습니다. 지구의 진짜 친구들을 만나보면, 변화가 그저 가능한 일에 머물지 않고 빠르게 속속 일어나고 있음을 확인하게 될 것입니다.

QUIZ
지구와 절친 되기
: 더 나은 '우리'를 향한 도약

01. 환경운동가 왕가리 마타이는 노벨 평화상 수상자로 선정되었다는 소식을 듣고 어떤 방식으로 이를 기념했을까?

A. 오프라 윈프리와 만나 저녁 식사를 했다.
B. 나무 한 그루를 심었다.
C. 해안 청소 활동에 참여했다.
D. 극지연구소 방문을 주도했다.

02. 가수 조니 미첼Joni Mitchell은 〈Big Yellow Taxi〉라는 히트곡에서 나무 박물관의 나무들을 관람하는 입장료가 얼마라고 노래했을까?

A. 1.5달러
B. 무료(더는 관람할 나무가 없으므로)
C. 25달러
D. 50센트

03. 법률사무소 비서였던 환경운동가 에린 브로코비치(배우 줄리아 로버츠가 이 이름을 그대로 사용한 영화의 주인공 역을 맡았다)는 캘리포니아 남부 한 마을의 물을 더럽힌 기업을 상대로 소송전을 이끌었다. 상대 회사는 어디였을까?

A. 패서디나 파이프라인 앤 유틸리티 Pasedena Pipelines and Utilities
B. 힝클리 컴프레서 Hinkley Compressors
C. 퍼시픽 가스전기회사 The Pacific Gas and Electric Company
D. 번 슬랜트 드릴링 Burns Slant Drilling

94. 우리 영웅 가운데에는 상상 속 인물도 있다. '적대적 환경이 인간성을 시험대에 올리는 세상에서, 인간 파벌 간의 갈등을 끝내려고 나선 전사이자 중재자'[3]는 어디 나온 누구일까?

A. 〈툼 레이더〉의 라라 크로프트
B. 〈바람 계곡의 나우시카〉의 나우시카
C. 넷플릭스 영화 〈돈 룩 업〉의 케이트 디비아스키
D. 마블 시리즈의 아스가르드 전사 발키리

95. 2019년 5월 1일, 영국 시민들이 그토록 좋아하는 차 한잔을 끓이면서 알지 못했던 사건은 무엇일까?

A. 빅토리아 시대 이후 최초로 석탄 없이 생산된 전기를 사용한 것
B. 드물게 화창한 날씨 덕분에 그날의 모든 전기가 태양열로 생산된 것
C. 42회 지구의 날을 기념해 영국 송전량이 절반으로 줄어드는 바람에 물 끓이는 시간이 두 배로 걸린 것
D. 최초로 핵융합 에너지가 만들어진 것

96. 2015년 프란체스코 교황은 '우리 공동의 집을 배려하는 일'이라는 부제가 붙은 교황 회칙을 내려보냈다. 지구에 초점을 맞춘 이 문서의 제목은 무엇이었을까?

A. 테라 카르타Terra Carta
B. 라우다토 시Laudato Si'
C. 하나의 행성 '마셜 플랜Marshall Plan'
D. 스텔라 마리스Stella Maris

97. 풀뿌리 프로젝트의 설립자 아프로즈 샤Afroz Shah는 "이 운동은 온전히 사랑에 기반을 둔다"라고 말한다. 그가 펼치는 지구 지키기 행동은 무엇일까?

A. 세계 최대의 해변 청소
B. 세계 최대의 화석연료 시위
C. 세계 최대의 나무 심기 프로젝트
D. 세계 최대의 의류 수선 워크숍

98. 수영선수이자 바다 보호 운동가 루이스 퓨Lewis Pugh는 극한 조건의 수영에 도전해, 생태 위기에 세계의 관심을 집중시키는 인물이다. 그의 활동은 어떤 이름으로 알려져 있을까?

A. 인간 쇄빙선Human icebreaking
B. 잠수복 논쟁Wetsuit Wrangling
C. 스피도 외교Speedo diplomacy
D. 배영 협상Backstroke bargaining

99. 우리는 이제 경제를 다르게 보기 시작했다. 경제학 교수이자 베스트셀러 저자인 케이트 레이워스Kate Raworth는 모두의 욕구를 충족하면서도 지구를 보호하는 지구 친화 경제 시스템을 제안한다. 이 시스템에 붙은 맛있는

이름은 무엇일까?

A. 공정한 파이 이론

B. 조각 케이크

C. 초코칩 쿠키 이론

D. 도넛 경제

100. 마지막 질문은 다시 지구로 돌아간다. 땅과 바다를 가꾸고 망가진 생태계를 복원하며 훼손된 생태계를 정상화하는 자연 시스템의 이름은 무엇일까?

A. 지구 공학 Earth engineering

B. 리와일딩 Rewilding

C. 바이오다이내믹스 Biodynamics

D. 홈스테딩 Homesteading

91. 답: B

나무 심기 혁신을 이끈 인물인 만큼 기쁨도 나무 한 그루 심기로 표현했다는 사실이 전혀 놀랍지 않군요. 왕가리 마타이는 고향인 케냐 중부 니에리Nyeri에 자생하는 화염목火焰木을 심었다고 해요.[4] 마타이는 1970년대 중반부터 케냐의 시골 마을 여인들과 함께 나무를 심어왔습니다. 환경운동이나 관련 프로젝트에서는 소외되었지만, 환경 파괴의 영향을 많이 받는 가난한 마을의 여인들이었지요. 이렇게 진행된 그린벨트 운동은 말 그대로 풀뿌리 운동이었고, 마타이는 수천 명 여성 참여자들을 '면허 없는 삼림감독관'이라 불렀다고 해요. 여성들은 묘목을 판매하거나 나무를 심으면서 수입도 올릴 수 있었습니다.

이렇게 심은 나무들은 흙을 보충하고 수원지를 보호하며 열매를 생산했어요. 왕가리 마타이가 사망한 2011년까지 케냐에 심긴 나무는 3000만 그루에 달했습니다. 그린벨트 운동이 확산하면서 전 세계적으로는 110조 그루가 심겼다고 해요. 왕가리 마타이는 실제 오프라 윈프리와 친구 사이이기도 했는데, 윈프리는 마타이가 죽은 후 그가 "가장 위대한 인물 가운데 하나로 인류라는 숲에 자라난 거대한 세콰이어"였다고 추모했어요.[5]

92. 답: A

답은 1.5달러에요. 미첼은 1969년 하와이 여행에서 이 유명한 곡의 영감을 얻었다고 합니다. 발코니에서 멋진 풍경을 바라보다가 조금 더 몸을 내밀었더니 볼썽사나운 콘크리트 주차장이 나타났고, 식물원에 들어가려면 1.5달러를 내야 한다는 사실을 알게 된 것이죠(현재는 5달러입니다).[6] 생태 문제에 식견 넘치는 사람이 되고 싶다면, 이 환경 노래의 가사를 찾아보시길! 미첼은 자신의 개인적 경험과 정치적 문제를 이미 사라진 것을 향한 향수와 함께 잘 엮어냈어요. 이후

재즈 스타일로 편곡했을 때는 입장료를 '팔 하나와 다리 하나'라고 바꿔 부르기도 했습니다. 25달러(C)를 선택했다면 에이미 그랜트가 편곡해 부른 곡을 기억했을지도 모르겠네요. 거기서는 입장료를 25달러로 부르거든요.

93. 답: C

에린 브로코비치가 용감하게 맞선 상대는 바로 퍼시픽 가스전기회사입니다. 이 재판은 1996년 3억 3300만 달러 보상금을 받는 것으로 끝이 났어요. 20년이 흐른 후 사건이 영화화되면서 진행한 인터뷰에서 에린 브로코비치는 "우리는 지금도 늘 그 이야기를 해요. 그러니까 영화는 20년 전에 이미 나왔던 셈이죠. 오늘날 우리 모두 환경오염에 시달리고 있다는 걸 생각하면, 그건 시대를 앞서간 재판이었어요."[7]라고 말하기도 했지요. 저는 에린 브로코비치가 환경운동을 한다는 것의 의미를 재정의하는 중요한 역할을 했다고 생각합니다. 중요한 건 결단력과 배짱일 뿐, 배경이나 이력은 없어도 된다는 사실을 알려주었으니까요. 에린 브로코비치는 오늘날에도 지구를 옹호하는 일을 하며, 온갖 배경과 상황에 놓인 사람 수천 명이 환경 파괴에 맞서도록 영감을 주고 있답니다.

94. 답: B

〈바람 계곡의 나우시카〉는 미야자키 하야오 감독이 1980년대에 만든 애니메이션으로 지구와 인간의 망가진 관계를 회복하는 공동의 미래, 그리고 그 앞을 가로막는 적들의 모습을 잘 그려냈어요(아직 보지 못했다면 한번 찾아볼 가치가 충분합니다). 〈바람 계곡의 나우시카〉는 미야자키 감독의 다른 작품과 마찬가지로 '솔라 펑크solar punk' 즉 공정한 녹색 지구로 나아가기 위한 예술운동으로 흔히 분류됩니다. 더 큰 영감을 원한다면 threetransitions.earth 플랫폼을 방문해보세요. 일본 인류학자인 사사키 코지와 우시고메 요스케가 디자인 혁신 스튜디오 타크람Takram과 함께 만든 곳으로, 과거의 세계에서 어떻게 새롭고 건강한 생물권으로 나아갈지 아름다운 영상을 통해 보여준답니다.

95. 답: A

2019년 5월 1일은 런던 홀본Holborn에 발전소가 문을 연 1882년 이후 최초의 '석탄 없는 주간coal-free week'이었어요. 많은 선진국이 그렇듯 영국도 역사적으로 석탄에 크게 의존해왔지요. 2025년까지 석탄 없는 발전으로 전환한다는 목표 아래 재생에너지 비중을 높여가면서 '석탄 없는 날'은 점점 늘어나는 추세입니다.

96. 답: B

가톨릭교회 전체가 읽고 따르도록 만든 이 교황 회칙 '라우다토 시'는 강한 어조로 기후변화가 인간이 만든 현상임을 지적하고 소비주의와 무책임한 개발을 비판합니다. 이어 교황은 모든 사람이 '단합된 공동 행동'을 취해야 한다고 호소했어요. 한편 테라 카르타(A) 지구 헌장은 영국의 찰스 국왕이 코로나19 사태 회복을 위해 내놓은 열 개 조항의 문서입니다. 오랫동안 환경 문제에 관심을 보여온 찰스 국왕은 기업들이 "세계적 가치 창출의 핵심에 자연, 인간, 그리고 지구를 두어야 한다"[8]고 강조했어요.

97. 답: A

답은 세계 최대의 해변 청소에요. 뭄바이의 젊은 변호사 아프로즈 샤는 베르소바 해변Versova beach이 내려다보이는 아파트로 이사한 후 해변을 뒤덮은 플라스틱 쓰레기를 보고 기겁했다고 해요. 그는 2015년에 동네 주민을 모아 2.4킬로미터에 달하는 해변을 청소하기 시작했습니다. 활동이 이어지면서 1년 후 수천 명이 모인 세계 최대의 해변 청소가 진행되었지요. 플라스틱과 포장재 쓰레기 수백만 킬로그램이 수거되었어요. 이 운동은 전 세계로 퍼져 수백만 명이 해안과 주변 청소에 나섰습니다.

2018년 베르소바 해변 청소는 성과를 거두었습니다. 위기 종인 올리브각시바다거북 80마리가 해변에 알을 낳고 바다로 돌아가는 모습이 포착되었지요! 10년 만이었습니다. 아프로즈 샤는 “다른 인간을 사랑하기 시작하는 순간 우리는 자연도 사랑하기 시작합니다”라며 사랑에 공을 돌렸습니다.

98. 답: C

답은 스피도 외교입니다. 해상 변호사였다가 수영선수 겸 바다 보호 운동가로 변신한 루이스 퓨는 세계 모든 대양에서 장거리 수영을 했으며 최근에는 극 지역에서 몇 날에 걸친 수영을 해냈어요. 잠수복이 아닌 일반 수영복을 입었는데, 두꺼운 얼음으로 덮여 있어야 할 지역이 지구온난화로 녹아버린 탓에 가능한 일이었습니다. 용기와 신체적 강인함을 발휘한 이 수영을 계기로 기후 논의가 새로이 시작되었어요. 세계 지도자와 일반 대중이 북극과 남극의 빙하 손실 문제를 다시 절감하도록 만든 것이지요.

바다 보호 운동과 관련해 당부하고 싶은 점이 있습니다. 해변 청소는 쓰레기 수거에 그쳐선 안 됩니다. 바다는 우리를 필요로 해요. 창밖에 바다가 보이지 않더라도, 사방이 땅으로 막힌 나라에 살더라도 상관없습니다. 바다 보호에 나서주세요! 입법가들이 움직이도록 목소리를 내주세요. 인류의 운명은 바다의 운명과 밀접하게 연결됩니다.

한 가지 방법은 관련 비정부기구에 가입하는 것이에요. 많은 단체가 플라스틱 쓰레기, 하수 처리, 수산물 남획 등 각각의 문제에 집중해 활동합니다. 우리가 직접 스피도 수영복을 입고 물에 뛰어들어야 하는 건 아니에요. 단체들은 전 세계적으로 연결되어 있고, 많은 전문가들이 활동합니다. 2030년까지 바다의 30%가 보호구역에 포함될 수 있도록 지지를 보내는 수천 명 가운데 한 명으로 동참하면 돼요!

99. 답: D

답은 도넛 경제에요. 전통 경제학을 공부하던 영국 학자이자 혁신가 케이트 레이워스는 경제학이 목표를 상실했다는 깨달음을 얻게 됩니다. ‘성장’을 추구

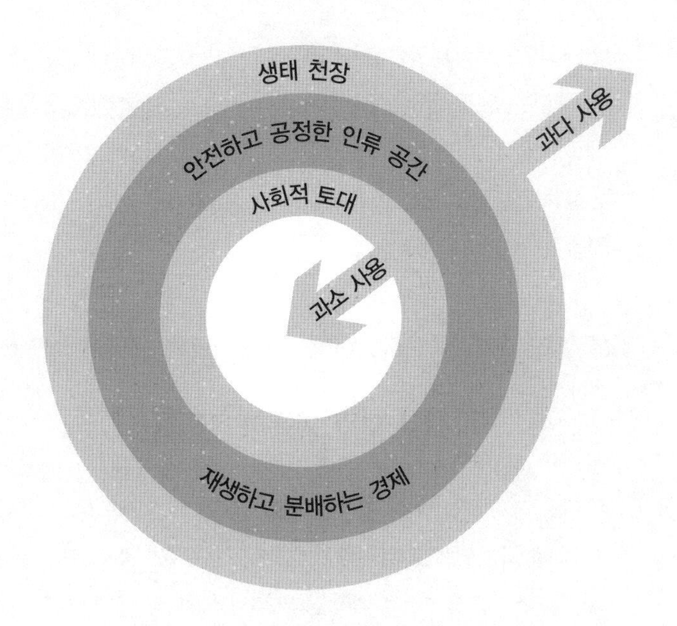

더 공정한 경제를 가능케 하는 도넛 경제

하면서 사회를 불공평으로 이끌고 생태 파괴를 낳았기 때문이에요. 지금까지 살펴보았듯 우리는 지구의 핵심 생태계 여럿을 과다 사용해왔으며 수백만 서식 동식물의 기본 욕구를 채워주지 못했어요. 이에 레이워스는 모두의 욕구를 충족하면서도 지구를 보호하는 새로운 경제를 제안합니다. 그는 균형을 이루는 지점을 '달콤한 지점sweet spot'이라 불렀고, '도넛 경제'라는 이름이 여기서 파생되었어요. 도넛 경제 원칙을 따르면 지구 행성의 한계를 존중하는 마음가짐이 만들어질 테고, 생존을 넘어서 번영의 기회를 잡게 됩니다. 가운데 구멍이 바로 그곳이에요!

100. 답: B

리와일딩, 즉 야생으로 돌아가자고 지구에게 제안한다면 지구는 분명 대찬성을 표할 테죠. 인간 활동으로 훼손된 자연을 본래의 모습으로 되돌리는 리와일딩은 자연과 기후의 위기에 가장 효율적이고 효과적인 대처 방법입니다. 가장 손상이 심한 지역의 3분의 1만이라도 회복되고, 상대적으로 괜찮은 상태의 보호지역이 그대로만 유지된다면 온실가스의 절반이 저장되고 동식물 멸종도 70% 정도 예방할 수 있을 거라고 해요.[9] 국가에서 혹은 지역에서 펼쳐지는 리와일딩 운동에 지지를 표해보면 어떨까요?

지구 보호 운동의 스타들

'리와일드Re:wild'는 배우이자 환경운동가 리오나도 디캐프리오가 공동 설립자로 나선 단체입니다. 학자, 비정부기구, 원주민 공동체와 협력해 갈라파고스 제도를 비롯해 여러 생태지역의 생물다양성을 보존하는 데 앞장서고 있지요. 기존의 노력을 확장하고 효과를 증폭하는 촉진제의 역할을 톡톡히 하는 중입니다. 이러한 모습은 우리 모두가 함께 노력해야 한다고 믿는 저에게 큰 희망을 주었어요.

원주민 공동체가 지구 보호 활동에 적극적으로 참여한다는 점도 리와일드의 큰 특징입니다. 원주민 공동체는 인류 전체가 의존하는 탄소 저장고 겸 자연의 보고를 지키는 최전선에 있는 존재이므로 그 의미가 더욱 클 수밖에요. 원주민 활동가들이 공격받거나 죽임당하는 안타까운 사건도 자주 일어나 이들을 지키기 위한 단체도 만들어졌습니다. 디캐프리오는 말합니다. "지구가 필요로 하는 환경 영웅들이 이미 여기 존재한다. 모두 도전에 나서 영웅들과 힘을 합쳐야 한다."[10]

드디어 마지막 단계, 마지막 퀴즈가 끝났습니다! 여기까지 온 자신이 대견하지 않나요? 최고의 변신은 하루아침에 이루어지지 않는 법이죠. 거대한 한 걸음을 내디디려면 사소한 여러 걸음이 필요합니다. 그러니 아직 몇 단계를 더 가야 한다 해도 걱정하지 마세요!

이 마지막 퀴즈에서 점수가 낮았다면 처음 들어본 개념이 많아서였을 거예요. 이제 알게 된 내용을 바탕으로 자신 있게 행동에 나서면 됩니다. 7점 넘게 높은 점수를 받았다면 개인적 관심과 열정을 넘어 공동체 노력에 합류할 때라는 의미입니다. 어느 단체에 가입해 지구의 진짜 친구로 살아가면 좋을지 알아보세요. 그런 단체가 없다면 직접 만들면 어떨까요? 어떤 성과를 이룰지 벌써 기대되지 않나요? 이제 지금까지의 점수를 집계하고 결론을 지을 차례입니다.

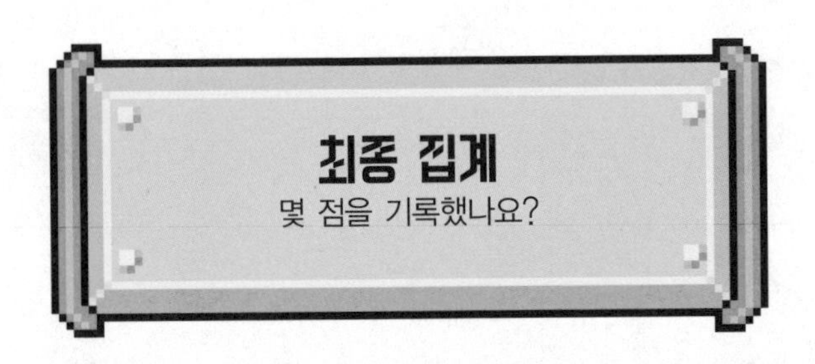

드디어 마지막에 도달했습니다. 지금까지의 점수를 집계하고 위치를 파악해볼 순간이네요. 어떤 점수가 나오든 이 책을 집어 들고 열 단계나 퀴즈를 풀었다는 것 자체가 지구의 진짜 친구라는 뜻이죠. 거듭 말하지만, 점수가 낮다면 또다시 해보면 됩니다. 반복해서 공부할수록 더 좋은 친구가 될 수 있을 거예요!

1~20:

용감한 시도였어요! 지속 가능성, 즉 생태계는 소유 대상이 아니라 공생할 존재라는 개념을 지금까진 아마 잘 몰랐을 겁니다. 미래 세대에게 건강한 지구를 물려주어야 한다는 생각도 해본 적 없을 테고요. 이제 이 원대한 개념을 접했으니 조금씩 앞으로 나아가면 됩니다. 매 순간 의사결정 과정에서 지구를 먼저 생각해보고 실제로 그렇게 행동해보면 어떨까요? 낮은 점수를 보다 빠른 발전의 기회로 삼는 겁니다.

21~40:

좋은 출발이네요! 기본 사항을 이미 알고 있으며, 일상의 온갖 방해에도 지구과학, 지속 가능한 삶, 미래 삶의 방향에 대해 중요한 정보를 수집하는 중일 테지요. 이제 지구와 조화를 이루려는 그 마음을 더 성숙시켜 나가면 됩니다. 자연과 기후의 위기에서 특정 부분, 예를 들어 플라스틱 쓰레기 문제에 더 관심이 가나요? 그럼 나름의 관점을 정리할 때입니다. 플라스틱 쓰레기는 석유로 만들어지고 화석연료는 기후변화의 원인이라는 식으로 말이죠.

41~60:

중간 수준 점수는 이미 지구 행성의 작동 방식을 꽤 많이 알고 있으며 아주 유용한 역할을 해낼 수 있다는 의미입니다. 생물권에서 관심 있는 부분에 초점을 맞춰보세요. 지구 시스템과 지속 가능성을 다룬 자료를 읽거나 대화를 나누는 것도 좋은 방법입니다. 비정부기구 가입도 추천합니다. 기후 문제든, 바다 보호든, 삼림 보호든 어느 쪽에 집중하는 단체나 다 좋습니다(이 책을 읽으면서 가장 관심 가는 문제가 생겼으리라 믿어요). 이제 행동해야 할 때입니다!

61~80:

생물권의 작동 방식을, 그리고 환경 보호 운동의 역사, 문화, 미래를 이렇게 많이 알고 있다니 참으로 자랑스럽군요! 조금만 더 노력하면 최고 등급에 도달할 수 있겠습니다. 약한 부분이 어디였는지 확인하고 그 지식을 보강해보세요. 그럼 천하무적 지구 친구가 될 수 있을 겁니다!

81~100:

축하합니다! 지구의 진짜 친구가 되는 영광을 얻었어요. 생태계 작동을 공부하는 데 최대의 시간을 쏟아붓고 스스로 탄소발자국을 줄일 뿐 아니라, 지구가 다시 건강해지도록 만들 방법도 이제 알게 되었습니다. 녹색 행동과 지식에 관해서는 진정한 인플루언서가 된 셈이죠. 이제 그 영향력의 범위를 친구와 가족, (가능하다면) SNS 팔로워들로 넓혀 지구의 진짜 친구를 늘려가길 부탁드려요. 하지만 오만해서는 안 됩니다. 지구를 늘 첫 번째로 두는 겸손함을 부디 유지해주시길!

작은 실천을 습관화하는 지구생활자

당신은 이미 잘 해내고 있다

지금까지 도전에 참여해준 당신에게 감사를! 이 책이 이후 더 많은 지구 보호 운동을 접하고 시도할 시작이자 계기가 되었기를 바랍니다. 필요하면 언제든 이 책을 다시 꺼내 읽어주면 좋겠어요.

자신을 변화의 전파자라고 생각하는 건 퍽 부담스러운 일일 거예요. 하지만 활동가들은 늘 이렇게 말하더군요. 누구에게든 영향력의 범위라는 것이 있어서 한 사람의 행동에는 남을 움직일 만한 힘이 있다고 말이에요. 행동하는 것이 행동을 드러내 보이는 것보다 중요합니다. 그러니 소셜미디어를 싫어하고 사진 찍히는 게 질색이라 해도 걱정할 필요 없어요. 지구를 보호하는 사람 중에는 셀카를 찍지 않는 조용한 사람도 많으니까요! 직접 사바나에 나가거나 협곡에서 뛰어내려야 할 필요도 당연히 없습니다.

코로나19로 영국에 첫 봉쇄령이 내려졌을 때 팟캐스트 방송을 위해 동물학자 데이비드 애튼버러 경을 인터뷰할 일이 있었어요. 그는 런던의 공원에서 볼 수 있는 새들 이야기를 해주었지요. 전 세계를 휩쓴 전염병 때문에 늘 머나먼 곳에 가 있던 위대한 동물학자이자 환경 보호 운동가인 그도 날개를 접고 지내는 중이었는데, 그 덕분에 런던 공원의 새들을 마치 갈라파고스 제도의 생명체처럼 흥미진진하게 지켜보았어요. 이 일을 계기로 우리 주변에 얼마나 정보가 넘쳐나는지 다시금 생각해보게 되었답니다.

우리는 무거운 책임을 어깨에 지고 있지만 지원군도 충분히 많아요. 자, 축하합니다! 이제 지구의 진짜 친구가 되었어요!

Chapter 1

1. 'Biosphere', Resource Library, National Geographic, www.nationalgeographic.org/encyclopedia/biosphere/.

2. Anesio, A, and Laybourn-Parry, J., University of Bristol, 'Glaciers and Ice Sheets as a Biome: Trends in Ecological Evolution' (2012), pubmed.ncbi.nlm.nih.gov/22000675/.

3. 'Climate Change on the Third Pole', University of Aberdeen Working Paper (2021), ed6ab6c8-ea4c-4ae8-92aa-61d3cd1bebb.usrfiles.com/ugd/ed6ab6_31104d85928146ae9a6d73cc99a26834.pdf.

4. The Blue Marble, NASA, www.nasa.gov/image-feature/the-blue-marble-the-view-from-apollo-17.

5. Soloman, Christopher, 'Life in the Balance', *National Geographic* (June 2017).

6. Teff-Skekker, Y. and Orenstein, D., 'The Desert Experience', British Ecological Society Research Paper (2019), besjournals.onlinelibrary.wiley.com/doi/full/10.1002/pan3.28.

7. Vidal, J., 'Scientists Watch Giant "Doomsday" Glacier in Antarctica with Concern', *Guardian* (December 2021), www.theguardian.com/world/2021/dec/18/scientists-watch-giant-doomsday-glacier-in-antarctica-with-concern.

8. World Atlas, 'Countries Sharing the Amazon Rainforest', www.worldatlas.com/articles/countries-sharing-the-amazon-rainforest.html.

Chapter 2

1. 'How Oman's Rocks Could Help Save the Planet', *New York Times Magazine*, ww.nytimes.com/interactive/2018/04/26/climate/oman-rocks.html.

2. 'Planetary Boundaries', Stockholm Resilience Centre, www.stockholmresilience.org/research/planetary-boundaries.html.

3. www.theguardian.com/environment/2021/jan/07/global-heating-stabilize-net-zero-emissions.

4. Cutzen, Paul, 'Geology of Manking', *Nature* (2002), www.nature.com/articles/415023a..

5. 'The Carbon Inequality Era', Research Paper, Stockholm Environment Institute and Oxfam (2020), www.sei.org/wp-content/uploads/2020/09/research-report-carbon-inequality-era.pdf.

6. Godfrey-Smith, P., 'The Ant and the Steam Engine', *London Review of Books*, Vol. 37, No. 4 (Feb.

2015), www.lrb.co.uk/the-paper/v37/n04/peter-godfrey-smith/the-ant-and-the-steam-engine.

7. Bielo, D., '400 PPM: Carbon Dioxide in the Atmosphere Reaches Prehistoric Levels', *Scientific American* (2013), blogs.scientificamerican.com/observations/400-ppm-carbon-dioxide-in-the-atmosphere-reaches-prehistoric-levels/.

8. Which is a Bigger Methane Source: Cow Belching or Cow Flatulence?', *Global Climate Change*, NASA, climate.nasa.gov/faq/33/which-is-a-bigger-methane-source-cow-belching-or-cow-flatulence/.

9. Gaukel Andrews, C., 'More Animals and More Biodiversity Mean More CO2 Storing', *Good Nature Travel* (2018), www.nathab.com/blog/biodiversity-matters-the-more-large-animals-the-more-co2-storing/.

10. 'Carbon Dioxide Emissions from Energy Consumption in the United States from 1975 to 2020', *Statista*, www.statista.com/statistics/183943/us-carbon-dioxide-emissions-from-1999/.

11. Greta Thunberg, 'COP26 even watered down the blah, blah, blah', BBC News (November 2021), www.bbc.co.uk/news/av/uk-scotland-59298344.

12. 'Subtitles to Save the World – 2021', BAFTA Albert, wearealbert.org/editorial/wp-content/uploads/sites/6/2021/09/albert-subtitle-report-2021.pdf.

Chapter 3

1. Bridge, H., 'Earthworms' Place on Earth Mapped', *BBC News* (Oct. 2019), www.bbc.co.uk/news/science-environment-50157313.

2. Cavan, E. L., Belcher, A., Atkinson, A., et al., 'The Importance of Antarctic Krill in Biogeochemical Cycles, *Nature Communications* (Oct. 2019), www.nature.com/articles/s41467-019-12668-7.

3. 'Well,this is the million dollar question...', WWF, wwf.panda.org/discover/our_focus/biodiversity/biodiversity/

4. Mitchell, A., '"Earthworm Dilemma" Has Climate Scientists Racing to Keep Up'., *New York Times* (May 2019), www.nytimes.com/2019/05/20/science/earthworms-soil-climate.html.

5. '22 Animals That Went Extinct in the US in 2021', *Global Citizen*, www.globalcitizen.org/en/content/animal-extinct-biodiversity-2021/.

6. 'Bird Classification', RSPB, www.rspb.org.uk/birds-and-wildlife/natures-home-magazine/birds-and-wildlife-articles/how-do-birds-survive/bird-classification/.

7. Waters, H., 'New Study Doubles the World's Number of Bird Species by Redefining "Species"', *Audubon* (2016), www.audubon.org/news/new-study-doubles-worlds-number-bird-species-redefining-species.

8. 'A Peek into the US Tiger Trade', *National Geographic* (Dec. 2019).

9. 'Ultimate Hunter', *National Geographic* (Aug. 2017).

10. Glenza, J., 'Florida Will Begin Emergency Feeding and Rescue of Starving Manatees', *Guardian* (2016), www.theguardian.com/environment/2021/dec/10/florida-manatees-rescue-emergency-feeding..

11. Chesnes, M., 'Manatee feeding was to begin Wednesday. The only thing missing? Manatees', *Treasure Coast News*, eu.tcpalm.com/story/news/local/indian-river-lagoon/2021/12/15/manatee-feeding-program-not-exactly-off-great-start-says-fwri/8906881002/.

12. Maron, Dina Fine, 'How the World's Largest Rhino Population Dropped by 70 Percent – in a Decade, *National Geographic* (2021), www.nationalgeographic.com/animals/article/rhino-numbers-drop-kruger-national-park.

13. 'Rhino Facts', WWF, www.worldwildlife.org/species/rhino.

14. 'Croaking Science', *Frog Life* (2020), www.froglife.org/2020/11/29/croaking-science-how-many-amphibian-species-are-there-how-do-we-know-and-how-many-are-threatened-with-extinction/.

15. Carrington, D., 'A Car "Splatometer" Study Finds Huge Insect Die-Off', *Wired* (2020), www.wired.com/story/a-car-splatometer-study-finds-huge-insect-die-off/.

16. Ibid.

17. 'How many species on Earth? Why that's a simple question but hard to answer', *The Conversation* (2020), theconversation.com/how-many-species-on-earth-why-thats-a-simple-question-but-hard-to-answer-114909.

Chapter 4

1. Harris, N., and Gibbs, D., 'Forests Absorb Twice as Much Carbon as They Emit Each Year', World Resources Institute (2021), www.wri.org/insights/forests-absorb-twice-much-carbon-they-emit-each-year.

2. www.tenmilliontrees.org/trees.

3. Leahy, S., 'Half of All Land Must Be Kept in a Natural State to Protect Earth', *National Geographic* (2019), www.nationalgeographic.com/environment/article/science-study-outlines-30-percent-conservation-2030.

4. Weisse, M., 'We Lost a Football Pitch of Primary Rainforest Every 6 Seconds in 2019', World Resources Institute (2020), www.wri.org/insights/we-lost-football-pitch-primary-rainforest-every-6-seconds-2019.

5. Watson, T., 'Wood You Believe It? Earth has 3 Trillion Trees!', *USA Today*, eu.usatoday.com/

story/news/2015/09/02/earth-three-trillion-trees/71578324/.

6. 'Russia's Forests Store More Carbon Than Previously Thought', European Space Agency, www.esa.int/Applications/Observing_the_Earth/Space_for_our_climate/Russia_s_forests_store_more_carbon_than_previously_thought.

7. Ibid.

8. Ibid.

9. 'Species-rich Forests Store Twice as Much Carbon as Monocultures', University of Zurich, www.sciencedaily.com/releases/2018/10/181004143905.htm.

10. Zabarenko, D., 'Hurricane Katrina boosted greenhouse gases-report', Reuters (2007), www.reuters.com/article/katrina-carbon-idUSN1243324320071115.

11. 'Facts and Figures', Air Transport Action Group, www.atag.org/facts-figures.html.

12. Gammon, K., 'How the billionaire space race could be one giant leap for pollution', Guardian (2021), www.theguardian.com/science/2021/jul/19/billionaires-space-tourism-environment-emissions.

13. 'Rainforest Facts', Rainforest Maker, www.rainforestmaker.org/facts.html.

14. Loomis, I., 'Trees in the Amazon Make Their Own Rain', *Science* (2017), www.science.org/content/article/trees-amazon-make-their-own-rain.

15. Schiffman, R., '"Mother Trees" Are Intelligent: They Learn and Remember, *Scientific American* (2021), www.scientificamerican.com/article/mother-trees-are-intelligent-they-learn-and-remember/.

16. 'Source For All: Summer 2022', Mylo Frayme release, PDF, Stella McCartney. Plus author interviews, SM and Bolt Threads.

Chapter 5

1. Watson, A. J., Schuster, U., Shutler, J. D., et al. 'Revised Estimates of Ocean-Atmosphere CO2 Flux Are Consistent With Ocean Carbon Inventory', *Nature Communications*, vol 11. no. 4422 (2020) www.nature.com/articles/s41467-020-18203-3#Sec2.

2. 'Why Should We Care About the Ocean?', NOAA, oceanservice.noaa.gov/facts/why-care-about-ocean.html#:~:text=The%20air%20we%20breathe%3A%20The,our%20climate%20and%20weather%20patterns.

3. Original quote, Interview, *OMNI Magazine* (July 1992), p. 66.

4. 'The Sixth Status of Corals of the World: 2020 Report', Global Coral Reef Monitoring Programme, gcrmn.net/2020-report/.

5. 'The Ocean, A Carbon Sink', Ocean and Climate Platform, ocean-climate.org/en/

awareness/the-ocean-a-carbon-sink/.

6. Ocean, National Geographic Resource Library, www.nationalgeographic.org/encyclopedia/ocean/.

7. Glancy, J., 'No Man's Water', *Oceangraphic Magazine* (2021), www.oceanographicmagazine.com/features/shark-survival-palau/.

8. 'Overfishing Puts More Than One Third of All Sharks, Rays, and Chimaeras at Risk of Extinction', WWF (2021), www.worldwildlife.org/stories/overfishing-puts-more-than-one-third-of-all-sharks-rays-and-chimaeras-at-risk-of-extinction.

9. Earle, Sylvia, 'National Geographic Ocean: A Global Odyssey', *National Geographic* (2021).

10. Sala, E., Mayorga, J., Bradley, D., et al. 'Protecting the Global Ocean for Biodiversity, Food and Climate. Nature 592 (2021), www.nature.com/articles/s41586-021-03371-z.

11. Ritchie, Hannah, and Roser, Max (2021), 'Biodiversity', ourworldindata.org/biodiversity.

12. McKie, R., 'Is Deep Sea Mining a Cure for the Climate Crisis or a Curse?', *Observer* (2021), www.theguardian.com/world/2021/aug/29/is-deep-sea-mining-a-cure-for-the-climate-crisis-or-a-curse.

13. Milko, V., 'Rare, Pristine Coral Reef Found off Tahiti Coast', Associated Press 2022, lasvegassun.com/news/2022/jan/19/rare-pristine-coral-reef-found-off-tahiti-coast/.

14. 'All About the Ocean', National Geographic Resource Library, www.nationalgeographic.org/article/all-about-the-ocean/.

15. 'Plastic Bag Found at the Bottom of World's Deepest Ocean Trench', *National Geographic*, www.nationalgeographic.org/article/plastic-bag-found-bottom-worlds-deepest-ocean-trench/.

Chapter 6

1. Report: '"Throwaway Global Economy" is Fuelling Climate Change', Circular (2022), www.circularonline.co.uk/news/report-throwaway-global-economy-is-fuelling-climate-change/.

2. Pochin, Courtney, 'Model "gutted" as £18 Missguided jumpsuit "ruins" her new £60k Porsche', *Mirror* (13 Nov. 2020), www.mirror.co.uk/news/uk-news/model-gutted-18-missguided-jumpsuit-23003587

3. 'Researchers Use Brain Scans to Predict When People Will Buy Products', Carnegie Mellon University:, www.cmu.edu/news/archive/2007/January/jan3_brainscans.shtml.

4. Weise, K., 'Jeff Bezos Commits $10 Billion to Address Climate Change', *New York Times* (published 2020, updated 2021), www.nytimes.com/2020/02/17/technology/jeff-bezos-climate-change-earth-fund.html.

5. Ibid.

6. 'Waste and Pollution, Clean Clothes Campaign', cleanclothes.org/fashions-problems/waste-and-pollution.

7. 'Our Addiction to Plastic', *National Geographic* (December, 2019 print edition).

8. 'Moh's Scale of Hardness', Collector's Corner, www.minsocam.org/msa/collectors_corner/article/mohs.htm.

9. Weise, K, 'Jeff Bezos Commits $10 Billion to Address Climate Change', *New York Times* (published 2020, updated 2021), www.nytimes.com/2020/02/17/technology/jeff-bezos-climate-change-earth-fund.html.

10. Long, K. A., 'Amazon settles with two Seattle workers who say they were wrongfully fired for their advocacy', *Seattle Times* (2021), www.seattletimes.com/business/amazon/amazon-settles-with-two-seattle-workers-who-say-they-were-wrongfully-fired-for-their-advocacy/

Chapter 7

1. 'Age of the Earth', National Geographic Resource Library, www.nationalgeographic.org/topics/resource-library-age-earth/?q=&page=1&per_page=25.

2. 'Safe planetary boundary for pollutants, including plastics, exceeded, say researchers', Stockholm Environment Institute (2022), www.sei.org/about-sei/press-room/safe-planetary-boundary-pollutants-plastics-exceeded/.

3. Ibid.

4. Ibid.

5. 'Use and Reuse', info site, Levi Strauss, www.levistrauss.com/how-we-do-business/use-and-reuse/.

6. 'River Thames: Mounds of Wet Wipes Reshaping Waterway', *BBC News* (2021), www.bbc.co.uk/news/uk-england-london-58742161.

7. Wetzel, C., 'This New Installation Pulled 20,000 Pounds of Plastic from the Great Pacific Garbage Patch', Smithsonian (2021), www.smithsonianmag.com/smart-news/this-new-installation-just-pulled-20000-pounds-of-plastic-from-the-great-pacific-garbage-patch-180978895/.

8. 'Space Debris and Human Spacecraft', NASA (2021), www.nasa.gov/mission_pages/station/news/orbital_debris.html.

9. 'What Happens to NYC's 3.2 Million Tons of Trash', *Business Insider* (2021), www.businessinsider.com/what-happens-to-new-york-city-trash-2021-3?r=US&IR=T.

10. Lippard, L., 'New York Comes Clean: The Controversial Story of the Fresh Kills Dumpsite', *Guardian* (2016), www.theguardian.com/cities/2016/oct/28/new-york-comes-clean-fresh-kills-staten-island-notorious-dumpsite.

11. Lebreton, L., Slat, B., Sainte-Rose, J., et al., 'Evidence that the Great Pacific Garbage Patch is Rapidly Accumulating Plastic', Scientific Reports – *Nature*, vol 8., No. 4666 (2018).

12. Laville, S., 'A Million Bottles a Minute: World's Plastic Binge "as Dangerous as Climate Change"', *Guardian* (2017), www.theguardian.com/environment/2017/jun/28/a-million-a-minute-worlds-plastic-bottle-binge-as-dangerous-as-climate-change.

13. Ibid.

14. Greenpeace Canada press release (2018), www.greenpeace.org/canada/en/press-release/277/press-release-greenpeace-slams-coca-cola-plastic-announcement-as-dodging-the-main-issue/.

15. McVeigh, K, 'Nurdles: The Worst Toxic Waste You've Probably Never Heard Of', *Guardian* (2021), www.theguardian.com/environment/2021/nov/29/nurdles-plastic-pellets-environmental-ocean-spills-toxic-waste-not-classified-hazardous.

16. 'X-Press Pearl Maritime Disaster: Sri Lanka', UNEP report (2021), postconflict.unep.ch/Sri%20Lanka/X-Press_Sri%20Lanka_UNEP_27.07.2021_s.pdf.

17. Hartline, N. L., 'Microfiber Masses Recovered from Conventional Machine Washing of New or Aged Garments', ACS Publications, pubs.acs.org/doi/abs/10.1021/acs.est.6b03045.

Chapter 8

1. CNBC, 'Smartphone Users Are Waiting Longer Before Upgrading – here's why'(2019), www.cnbc.com/2019/05/17/smartphone-users-are-waiting-longer-before-upgrading-heres-why.html.

2. Fairtrade foundation fact sheet, www.fairtrade.org.uk/media-centre/blog/top-12-facts-about-fairtrade-bananas/.

3. Bodyflik, Museum of Design in Plastic, www.modip.ac.uk/artefact/aibdc-005910.

4. '1.5 Degree Lifestyles', Hot or Cool Institute, report, hotorcool.org/wp-content/uploads/2021/01/15_Degree_Lifestyles_MainReport.pdf.

5. 'How the Rich Are Driving Climate Change', BBC Climate, www.bbc.com/future/article/20211025-climate-how-to-make-the-rich-pay-for-their-carbon-emissions.

6. Thunberg, G., '"Our House is on Fire": Greta Thunberg, 16, Urges Leaders to Act on Climate', Guardian (2019), www.theguardian.com/environment/2019/jan/25/our-house-is-on-fire-greta-thunberg16-urges-leaders-to-act-on-climate.

7. Wortham, J., 'A Netflix Model for Haute Couture', The New York Times (2009), www.nytimes.com/2009/11/09/technology/09runway.html.

8. iFixit website, www.ifixit.com/Right-to-Repair/Intro.

9. 'Single-use Beverage Cups and Their Alternatives', UNEP report, www.lifecycleinitiative.org/wp-content/uploads/2021/02/UNEP_-LCA-Beverage-Cups-Report_Web.pdf.

10. 'Christmas Trees: Real or Fake?', BBC News (2016), www.bbc.co.uk/news/uk-england-38129835.

11. Ibid.

Chapter 9

1. 'Worldwide Food Waste', UNEP, www.unep.org/thinkeatsave/get-informed/worldwide-food-waste.

2. 'Food Waste Bad Taste', Sustainable Restaurant Association, thesra.org/wp-content/uploads/2019/09/Food-Waste-Bad-Taste-Intro-Slides-for-Download.pdf.

3. Xu, X., Sharma, P., Shu, S., et al., 'Global Greenhouse Gas Emissions from Animal-Based Foods Are Twice Those of Plant-Based Foods, *Nature Foods*, 2 (2021), 724–32, www.nature.com/articles/s43016-021-00358-x#citeas.

4. 'UK Could Cut Food Emissions by 17% by Sticking to a Healthy Diet' (2017), www.carbonbrief.org/uk-could-cut-food-emissions-17-per-cent-by-sticking-to-healthy-diet.

5. Stancu, V., Haugaard, P., and Lähteenmäki, L., 'Determinants of Consumer Food Waste Behaviour: Two Routes to Food Waste', *Appetite*, 96 (2016), pp. 7–17.

6. MIT Climate Portal, 'Fertilisers and Climate Change', climate.mit.edu/explainers/fertilizer-and-climate-change.

7. 'EAT-Lancet Commission Summary Report', eatforum.org/eat-lancet-commission/eat-lancet-commission-summary-report/.

8. 'The Occurrence of Selected Hydrocarbons in Food on Sale at Petrol Station Shops', Report, Brussels (I2000), www.concawe.eu/wp-content/uploads/2017/01/2002-00234-01-e.pdf.

9. 'France to Eliminate Plastic Packaging from Fruits and Vegetables', Hunter College, New York City Food Policy Centre (2021), www.nycfoodpolicy.org/food-policy-snapshot-france-ban-plastic-packaging-fruits-and-vegetables/.

10. China CSA Network, Transformative Cities Programme, transformativecities.org/atlas/atlas-51/.

11. 'Nearly Half Our Calories Come from Just 3 Crops. This Needs to Change', World Economic Forum (2018), www.weforum.org/agenda/2018/10/once-neglected-these-traditional-crops-are-our-new-rising-stars.

12. Holstein Cattle Fact Sheet, Holstein Association USA, www.holsteinusa.com/pdf/fact_sheet_cattle.pdf.

13. Poore, J. Nemeck, T, 'Reducing Food's Environmental Impacts Through Producers and Consumers', *Science* vol. 360, no. 6392 (2018).

14. Bedingfield, Will, 'Lab-grown Tuna Steaks Could Reel in Our Overfishing Problem',

Wired (2021), www.wired.co.uk/article/blue-nalu-lab-grown-fish.

Chapter 10

1. Eco Living archive, Eco Age, eco-age.com/resources/jane-goodalls-best-quotes/.
2. 'Heglar', Mary Annaïse, *Hot Take* Newsletter (30 Jan. 2022)
3. Polo, S., 'Nausicaä of the Valley of the Wind Reminds Us that Everything Changes, and Life Goes On', www.polygon.com/animation-cartoons/2020/5/25/21265521/nausicaa-of-the-valley-of-the-wind-studio-ghibli-movie-watch-meaning-manga.
4. 'The Green Belt Movement, and the Story of Wangari Maathai', *Yes* magazine (2005), www.yesmagazine.org/issue/media/2005/03/26/the-green-belt-movement-the-story-of-wangari-maathai.
5. Winfrey, Oprah, Wangari Maathai obituary, *Time* magazine (14 Dec. 2011), content.time.com/time/specials/packages/article/0,28804,2101745_2102136_2102234,00.html
6. Foster Botanical Garden Fact Sheet, www.honolulu.gov/parks/hbg/honolulu-botanical-gardens/182-site-dpr-cat/568-foster-botanical-garden.html.
7. 'Erin Brockovich: The Real Story of the Town Three Decades Later', *ABC* News (2021), abcnews.go.com/US/erin-brockovich-real-story-town-decades/story?id=78180219.
8. www.sustainable-markets.org/terra-carta/.
9. Strassburg, B. B. N., Iribarrem, A., Beyer, H. L., et al. 'Global Priority Areas for Ecosystem Restoration', *Nature*, vol. 586, p. 724–9 (2020), www.nature.com/articles/s41586-020-2784-9.
10. Rewild.org launch press release (22 May 2021), www.rewild.org/team/leonardo-dicaprio.

함께 읽거나 들으면 좋은 책 & 팟캐스트

Barber, Aja, *Consumed: The Need for Collective Change: Colonialism, Climate Change & Consumerism*, Octopus (2021)

Bell, Alice, *Our Biggest Experiment: A History of Climate Change*, Bloomsbury Sigma (2021)

Carson, Rachel, *Silent Spring*, Penguin Modern Classics (1962)

Earle, Sylvia A., *National Geographic Ocean: A Global Odyssey*, National Geographic (2021)

Goodall, Jane, *The Book of Hope: A Survival Guide for an Endangered Planet*, Penguin Books (2021)

Holthaus, Eric, *The Future Earth: A Radical Vision for What's Possible in the Age of Warming*, HarperCollins (2020)

Johnson, Ayana Elizabeth, and Wilkinson, Katharine K., *All We Can Save: Truth, Courage, and Solutions for the Climate Crisis*, Penguin Random House (2021)

Klein, Naomi, *This Changes Everything: Capitalism vs the Climate*, Simon & Schuster (2014)

Lang, Tim, *Feeding Britain: Our Food Problems and How to Fix Them*, Penguin (2021)

Lee, Sam, *The Nightingale*, Penguin (2021)

Maathai, Wangari, *The Green Belt Movement: Sharing the Approach and the Experience*, Lantern Books (2003)

McAnulty, Dara, *Diary of a Young Naturalist*, Ebury Press (2021)

Minney, Safia, *Slave to Fashion*, New Internationalist (2017)

Monbiot, George, *Feral: Rewilding the Land, Sea and Human Life*, Allen Lane (2013)

Nelles, D., and Serrer, C., *This is Climate Change: A Visual Guide to the Facts*, Experiment (2021)

Penniman, Leah, *Farming While Black: Soul Fire Farm's Practical Guide to Liberation on the Land*, Chelsea Green Publishing (2018)

Pollan, Michael, *In Defense of Food: An Eater's Manifesto*, Penguin Press (2008)

Porritt, Jonathon, *Hope in Hell: A Decade to Confront the Climate Emergency*, Simon & Schuster (2020)

Sheldrake, Merlin, *Entangled Life: How Fungi Make Our Worlds, Change Our Minds & Shape Our Futures*, Random House (2020)

Siegle, Lucy, *To Die For: Is Fashion Wearing Out the World?*, Fourth Estate (2011)

Siegle, Lucy, *Turning the Tide on Plastic: How Humanity (And You) Can Make Our Globe Clean Again*, Trapeze (2018)

Simard, Suzanne, *Finding the Mother Tree: Discovering the Wisdom of the Forest*, Allen Lane (2021)

Thunberg, Greta, *No One is Too Small to Make a Difference*, Penguin (2019)

Waldron, Sangeeta, *Corporate Social Responsibility Is Not Public Relations*, LID Publishing (2019)

Washington, Harriet A., *A Terrible Thing to Waste: Environmental Racism and Its Assault on the American Mind*, Hachette (2019)

Williams, Tracey, *Adrift: The Curious Tale of the Lego Lost at Sea*, Unicorn (2022)

옮긴이 **이상원**

서울대학교 가정관리학과와 노어노문과를 졸업하고 한국외국어대학교 통번역대학원에서 석사와 박사 학위를 받았다. 서울대 기초교육원 강의 교수로 글쓰기 강의를 하고 있으며 《적을 만들지 않는 대화법》, 《뇌는 어떻게 당신을 속이는가》, 《함부로 말하는 사람과 대화하는 법》 등 다수의 책을 우리말로 옮겼다. 저서로는 《서울대 인문학 글쓰기 강의》, 《나를 일으키는 글쓰기》, 《엄마와 함께한 세 번의 여행》, 《번역은 연애와 같아서》가 있다.

지구생활자를 위한 시시콜콜 100개의 퀘스트

초판 1쇄 발행 2023년 3월 10일
초판 2쇄 발행 2023년 7월 28일

지은이 • 루시 시글
옮긴이 • 이상원

펴낸이 • 박선경
기획/편집 • 이유나, 지혜빈, 김선우
홍보/마케팅 • 박언경, 황예린
표지 디자인 • 심연
디자인 제작 • 디자인원(031-941-0991)

펴낸곳 • 도서출판 지상의책
출판등록 • 2016년 5월 18일 제2016-000085호
주소 • 경기도 고양시 일산동구 호수로 358-39 (백석동, 동문타워 I) 808호
전화 • 031)967-5596
팩스 • 031)967-5597
블로그 • blog.naver.com/kevinmanse
이메일 • kevinmanse@naver.com
페이스북 • www.facebook.com/galmaenamu

ISBN 979-11-976379-6-4/03330
값 17,000원

• 잘못된 책은 구입하신 서점에서 바꾸어드립니다.
• 본서의 반품 기한은 2028년 3월 31일까지입니다.